共建"一带一路"倡议对我国物流产业绩效的影响研究

——基于国际贸易视角

陈美燕　著

中国商务出版社
·北京·

图书在版编目（CIP）数据

共建"一带一路"倡议对我国物流产业绩效的影响研
究：基于国际贸易视角/陈美燕著. --北京：中国商
务出版社，2024.5
ISBN 978-7-5103-5152-5

Ⅰ.①共…　Ⅱ.①陈…　Ⅲ.①物流—产业发展—研究
—中国　Ⅳ.①F259.22

中国国家版本馆 CIP 数据核字（2024）第 090130 号

共建"一带一路"倡议对我国物流产业绩效的影响研究
——基于国际贸易视角

陈美燕　著

出版发行：中国商务出版社有限公司
地　　址：北京市东城区安定门外大街东后巷 28 号　　　邮　　编：100710
网　　址：http://www.cctpress.com
联系电话：010—64515150（发行部）　　010—64212247（总编室）
　　　　　010—64243656（事业部）　　010—64248236（印制部）
策划编辑：李自满
责任编辑：王　静
排　　版：北京天逸合文化有限公司
印　　刷：北京九州迅驰传媒文化有限公司
开　　本：787 毫米×1092 毫米　1/16
印　　张：16　　　　　　　　　字　　数：235 千字
版　　次：2024 年 6 月第 1 版　　　印　　次：2024 年 6 月第 1 次印刷
书　　号：ISBN 978-7-5103-5152-5
定　　价：88.00 元

前　言　PREFACE ▶ ▶ ▶

共建"一带一路"倡议是中国提出的一项重大国际合作倡议，旨在通过加强共建国家之间的政策沟通、设施联通、贸易畅通、资金融通和民心相通，构建互利共赢的合作伙伴关系，推动共同发展繁荣。共建"一带一路"倡议，作为中国推动全球合作与共赢的重大战略，标志着中国积极走向世界，倡导一个更加开放、互利共赢的未来。这一倡议深刻影响着全球的政治、经济和社会格局。

物流产业是共建"一带一路"倡议的重要支撑和保障，也是共建国家经济社会发展的重要动力。物流产业不仅可以提高共建国家之间的货物流通效率和质量，降低运输成本和时间，优化贸易结构和方式，促进经贸合作和投资，还可以推动共建国家之间的基础设施建设和互联互通，促进产业链协同和升级，增强供应链安全和韧性，提升区域经济一体化水平。

因此，研究共建"一带一路"倡议对我国物流产业绩效的影响，不仅有助于深入理解该倡议对我国物流产业发展所带来的机遇和挑战，也有助于为我国物流产业提升自身竞争力和参与国际合作提供理论指导和政策建议。

本书以共建"一带一路"倡议为背景，聚焦我国物流产业绩效这一核心议题，通过国际贸易视角，结合理论分析、实证检验、案例研究等方法，从多个层面、多个角度、多个维度探讨了共建"一带一路"倡议对我国物流产业绩效的影响机制、影响效果、影响路径及其优化策略，揭示倡议在推动我国物流业发展、优化全球贸易格局、提升国际竞争力等方面的作用和启示。本书分为四个篇章，分别是基础篇、实证篇、策略篇和案例篇。

第一篇为基础篇，从导论入手，介绍了研究的背景和意义，概述了国内外物流绩效研究的现状，明确了本研究的研究目的、意义、内容和框架。接着，通过对古代丝绸之路与共建"一带一路"倡议的关系进行深入剖析，深刻理解共建"一带一路"倡议的历史渊源和政策背景。然后，探讨了共建"一带一路"倡议对全球贸易格局的影响，分析了其对全球贸易规模、结构、体系、秩序、发展趋势的影响，为后续实证分析提供了理论支持。

第二篇为实证篇，以实证分析、数量分析为主要手段，探究了共建"一带一路"倡议对我国物流产业绩效的影响效应，并提出了相应的优化策略和建议。首先，构建了共建"一带一路"倡议影响效应评估模型和中介效应检验模型，细致分析了共建"一带一路"倡议对我国物流绩效的影响机制，剖析了国际贸易在其中的中介作用，深入挖掘了影响因素的异质性。其次，通过对我国共建"一带一路"倡议沿线省份物流绩效的评价和动态分析，并对共建"一带一路"倡议提出前后沿线省份物流绩效进行了比较，揭示了共建"一带一路"倡议下各地物流产业的现状和发展趋势，为政策制定提供了参考依据。再次，分析了中国跨境电商卖家对大件及重货品类的跨境物流服务质量，基于 SERVQUAL 量表建立了跨境物流服务指标体系，采用 Kano 模型对各要素进行归属分类和重要度排序，得出跨境物流服务的影响因素，进而持续优化跨境服务质量。最后，基于电商平台供应链金融体系，建立了零售商最优订货策略动态规划模型，并运用动态规划方法求解了零售商单期和多阶段的最优订货策略，从而为电商平台供应链金融的优化和发展提供了理论支持和方法指导。通过这些实证研究，旨在为我国物流业的发展提供科学依据，为政策制定和实践提供参考，推动我国物流业融入全球价值链，提升国际竞争力。

第三篇为策略篇。从不同的角度和领域，探讨了共建"一带一路"倡议下物流产业的创新实践和发展前景，并提出了相关的建设方案和管理启示。首先，探究了共建"一带一路"倡议下跨境电商物流的发展机遇，并对其面临的挑战提出了解决方案。其次，探究了共建"一带一路"倡议下中国国际物流供应链韧性的特征，从地理、基础设施、管理、风险、技术、自然灾害、知识产权和资金八个方面分析了共建"一带一路"倡议下提升中国国际物流供应链韧性面临的挑战，从硬联通、软联通、绿色智慧和产业链体系四个方面提出了中国国际物流供应链韧性提升路径。再次，探究了"数字丝绸之路"与智慧物流的融合关系，探讨了智慧物流生态系统构建的意义和价值，并提出了智慧物流生态系统主体的角色和功能以及合作模式。最后，分析了共建"一带一路"倡议下通过虚拟仿真实验教学培养商科人才的模式和效果。

第四篇为案例篇，以实际案例为基础，对共建"一带一路"倡议下中国物流产业绩效优化和提升进行具体展示和分析。首先，选取了某跨境电商企业，通过基于SLP-GA的方法进行电商仓库布局的优化设计，深入分析如何利用这些方法来改进电商物流的效率和效益。其次，以中欧班列为样例，回顾了中欧班列开展的背景和发展进程，详细分析了其在共建"一带一路"倡议下的发展策略、创新举措以及取得的成效，分析了中欧班列成功的关键因素，评价了中欧班列对"一带一路"沿线国家物流效率的提升作用，并提出了中欧班列启示。通过这些案例，旨在为读者展示共建"一带一路"倡议在实际应用中的具体影响，为相关企业提供借鉴和启示，推动我国物流业的健康发展。

本书通过理论分析和实证研究相结合的方式，从宏观与微观、总体与个案等多个角度，全面、系统地探讨共建"一带一路"倡议对我国物流产业绩效的影响，为我国物流产业发展提供有益的参考和借鉴，促进我国物流业的健康发展。

目　录　CONTENTS ▶ ▶ ▶

第三篇　策略篇

第四篇　案例篇

第一篇

基础篇

第1章　导　论

一、研究背景

自 2013 年中国国家主席习近平首次提出共建"一带一路"倡议以来，这一重大战略构想已经成为全球关注的焦点。这一倡议旨在通过加强与沿线国家的合作，重新塑造古代丝绸之路的贸易与文化联系，推动亚欧非大陆之间的基础设施建设、经济合作与文化交流。作为的重要国家战略，这一倡议不仅在国内产生了深远的影响，也在国际舞台上引起了广泛的关注，并被视为中国开放型经济新体制的重要组成部分。

丝绸之路是中国古代著名的贸易通道，自 2000 多年前起，东西方之间的文化、商贸、科技与人员交流在此展开。丝绸之路成为世界文明交流的重要纽带，促进了东西方文明的交融与互鉴，对世界文化与经济的发展产生了深远的影响。随着历史的发展，丝绸之路的重要性渐趋淡化，然而，在全球化与经济发展的今天，倡导开放、包容、合作的共建"一带一路"倡议，重新唤起了人们对丝绸之路古老商道的记忆，为世界各国带来了重要的合作契机。

共建"一带一路"倡议的实施涉及领域非常的广泛，其中物流与供应链管理是至关重要的一环。物流产业是"一带一路"建设中的重要支撑与基础，它关乎商品的流通、资源的调配、生产的协同以及国际贸易的畅通。有效的物流与供应链管理将对推动跨国合作、促进区域经济发展、提高全球贸易效率产生深远的影响。因此，加强对共建"一带一路"倡议下物流与供应链管理的深入研究，对于推动共建"一带一路"建设的顺利实施，推动我国物流产业的升级与发展，以及促进区域经济的繁荣具有重要的理论与现实意义。

同时，随着经济的日益全球化，国际贸易与物流成为国家经济发展的关键因素。而共建"一带一路"倡议的提出对于全球贸易和物流格局产生了深远的影响。我国物流产业迎来了新的历史机遇和挑战；加强与共建国家的合作，推动基础设施建设与互联互通，促进跨国贸易与投资，提高物流与供应链效率，将为区域经济合作与共同繁荣提供巨大的推动力；跨国物流合作需要协调各国法律法规、关税与贸易壁垒，涉及不同文化与价值观的融合，还需要解决跨国货物运输中的环境保护与资源浪费问题。因此，深入研究共建"一带一路"倡议对我国物流产业绩效的影响，探讨物流产业与供应链管理的创新与发展，具有重要的现实意义和战略价值。

二、文献综述

（一）物流绩效研究

学术界对物流绩效进行了探索和分析。物流业现已成为促进国民经济发展的基础性和战略性产业。物流业良性发展是经济良性发展的支撑和重要保障。因此要巩固现有物流发展成果，提高物流绩效水平，国家和政府层面要掌握物流发展状况，营造良好政策环境（姜旭等，2020）。在国家层面，提升物流绩效可以提高整个社会的物流运行效率，充分发挥物流业对国民经济的支撑作用；在行业层面，提升物流绩效可以推动产业转型升级，增强行业物流活力；在企业层面，提升物流绩效可以降本增效，提高盈利水平（王超等，2017）。

基于中国知识资源总库 CNKI 和 Web of Science 数据库国内外物流绩效领域的相关文献，运用 CiteSpace 分析软件，对发文数量、国家或地区、作者、机构、关键词、被引文献和被引期刊进行分析，总结该领域研究现状、热点和研究趋势。CiteSpace 是一款信息可视化软件，可将研究趋势与演进过程利用可视化方式进行呈现，展示科学知识结构、规律和分布情况（陈悦等，2015）。由于可视化过程的图形展示方式直观易懂，便于记录分析，受到越来越多研究者的青睐。CiteSpace 通过不同的分析方法和算法探查学科基础知识和研究前沿的演变方向，把握学科研究历程、研究热点和研究趋势，并把作为知识基础的引文节点文献和作为研究前沿的文献进行标识。利用该软件结合 Excel，筛选 Web of Science 核心合集数据库和中国知网数据库中物流绩效研究相关文献，进行文献的可视化分析，总结国内外物流绩效研究热点，并预测未来可能的研究趋势。Excel 主要用于分析国内外物流绩效相关文献的总体分布情况。CiteSpace 主要进行文献的可视化分析，可进行国家、机构、作者、关键词、被引文献和被引期刊分析。由于中国知网数据库不能导出被引文献和被引期刊，所以在中文文献研究中只分析了机构、作者和关键词可视化。其中关键词能对文章内容和主题进行高度概括，因此对关键词进行聚类和共现分析可以直观展示国内外物流绩效的研究热点。关键词时区图谱分析可以在时间维度上展示主题研究演进脉络，通过时区图谱呈现国内外物流绩效领域研究演进过程并预测未来研究趋势。

1. 文献来源与数据格式转换

（1）文献来源

国内文献使用 CNKI 数据库进行检索，英文文献使用 WOS 检索平台进行检索，检索方式均为主题。中文检索词为"物流绩效"，时间范围不限，截至 2021 年 12 月共检索出 727 篇期刊文献。经过人工筛选，剔除会议通知、报纸、征稿等 34 篇文献，共有 693 篇文献。英文文献以主题词 logistics performance 进行检索，时间范围不限，截至 2021 年 12 月共检索出 502 篇文献，去除会议论文、书籍评论、校稿通知和撤稿通知等 24 篇，再经过 CiteSpace 进行数据除重，共纳入文献 478 篇。

（2）文献数据格式转换

中文文献从 CNKI 以 Refworks 方式导出，导出文件格式为 txt，以 download_ ×××对文件进行命名。CNKI 直接导出的数据不能直接使用 CiteSpace 进行分析，需要对数据格式进行转换。利用 CiteSpace 软件自带 的文件转换功能将 CNKI 的原始数据转换为 CiteSpace 可用的数据格式。

（3）观察指标

可视化图谱中"N"代表节点，节点字号越大，说明该节点出现的频 率越高。"E"代表连线，节点之间的连线表示节点的联系，连线越粗表明 节点在同一篇文献中出现的频率越高。节点颜色代表中心性，中心性越高 颜色越深。中心性体现节点文献的影响力，中心性越高表示节点文献影响 力越高，在该领域研究地位越高。

2. 物流绩效 CiteSpace 可视化分析

（1）CNKI 和 WOS 发文量趋势分析

在 CNKI 数据库检索到文献 693 篇，最早发文年份为 2000 年，每年发 文量平稳。在 WOS 数据库检索到的发文量为 478 篇，最早发文年份为 1996 年，前期发文量逐年递增，2018 年开始快速增长。整体而言发文数量 呈现递增趋势，如图 1-1 所示。

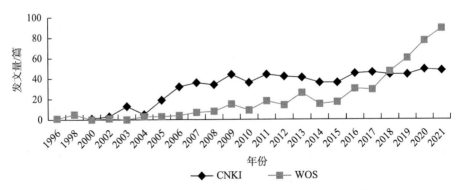

图 1-1　CNKI 和 WOS 数据库中物流绩效发文量统计

（2）国家及地区合作可视化

在 CiteSpace 操作界面，选择节点类型"Country"进行可视化分析。WOS 数据库所筛选文献，时间期限为 1996—2021 年，时间切片为 1，g-index（k＝25）时，得到 83 个节点，184 条连线。图谱共纳入 83 个国家。其中中国发文量最多，为 80 篇。美国第二，为 65 篇，其他国家发文量见表 1-1。从发文数量上看，美国首次发文年份最早，中国的研究虽然起步较美国晚，但发文量超过了美国。从中心性看，国际间合作较为紧密，中国的中心性最大，为 0.36，在研究中具有一定的地位。

表 1-1　WOS 数据库中物流绩效发文量位居前 5 的国家

国家	发文数量/篇	中心性	首次发文年份
中国	80	0.36	2006
美国	65	0.19	1998
土耳其	38	0.05	2011
英国	29	0.22	2008
德国	26	0.08	2006

（3）作者合作可视化

在 CiteSpace 操作界面，选择节点类型"Author"进行可视化分析。CNKI 数据库筛选出的文献中，g-index（k＝25）时，共有 503 个节点，175 条连线。图谱共纳入 503 个作者。有 5 位作者发文量大于 6 篇，朱小林团队发文量最高，为 7 篇。表 1-2 展示了发文量位居前 5 的作者。国内没有中心性高的作者，说明彼此合作较少，联系不够紧密。

表 1-2　CNKI 数据库中物流绩效发文量位居前 5 的作者

作者	所属机构	数量/篇	中心性	首次发文年份
朱小林	上海海事大学	7	0	2015
黄福华	湖南工商大学	7	0	2002
代坤	南京航空航天大学	6	0	2005

达到 0.7 则可认为聚类是令人信服的。图 1-2 中 Q 值为 0.4365，S 值为 0.7821，说明聚类结果是可靠的。去除与检索策略有关的主题词，出现频率较高的关键词如图 1-2 和表 1-6 所示。热点关键词为管理、影响、供应链管理、建模、框架、经济增长等。聚类#0、#3、#4、#5 可归为物流绩效评价指标方向；聚类#1、#2 可归为资源整合、供应链与物流绩效关系。

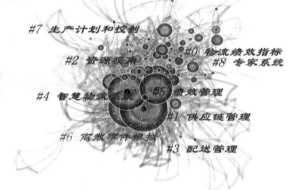

CiteSpace, v. 5.8.R3 (64-bit)
April 25, 2022 7:45:19 PM CST
WoS: E:\工作\科研\福大物流基地\ssci\data
Timespan: 1996-2021 (Slice Length=1)
Selection Criteria: g-index (k=25), LRF=3.0, L/N=10, LBY=5, e=1.0
Network: N=415, E=2200 (Density=0.0256)
Largest CC: 386 (93%)
Nodes Labeled: 1.0%
Pruning: None
Modularity Q=0.4365
Weighted Mean Silhouette S=0.7821
Harmonic Mean(Q, S)=0.5603

图 1-2　WOS 数据库中物流绩效研究的关键词聚类图

表 1-6　WOS 数据库中物流绩效文献中出现频率位居前 10 的关键词

关键词	中心性	数量
管理	0.18	76
影响	0.15	71
供应链管理	0.15	63
建模	0.14	60
框架	0.08	32

续表

关键词	中心性	数量
经济增长	0.04	31
物流绩效指标	0.02	27
融合	0.07	24
系统	0.05	20
运输	0.01	20
能力	0.05	18

CNKI所筛选文献节点类型选择关键词，时间间隔为1年，g-index（k=25），得到447个节点，773条连线聚类图谱，出现频率较高的关键词如图1-3、表1-7所示。图1-3中Q值为0.6711，大于临界值0.3，S值为0.882，说明具有较好的聚类效果。形成了16个聚类，聚类#0、#1、#2、#3、#7、#8、#11可归为物流绩效评价指标体系研究方向；聚类#4、#5可归为

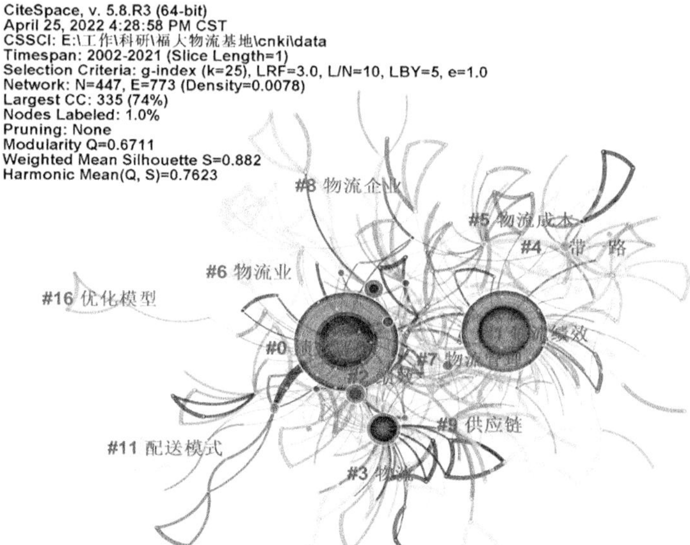
CiteSpace, v. 5.8.R3 (64-bit)
April 25, 2022 4:28:58 PM CST
CSSCI: E:\工作\科研\福大物流基地\cnki\data
Timespan: 2002-2021 (Slice Length=1)
Selection Criteria: g-index (k=25), LRF=3.0, L/N=10, LBY=5, e=1.0
Network: N=447, E=773 (Density=0.0078)
Largest CC: 335 (74%)
Nodes Labeled: 1.0%
Pruning: None
Modularity Q=0.6711
Weighted Mean Silhouette S=0.882
Harmonic Mean(Q, S)=0.7623
#8 物流企业
#5 物流成本
#6 物流业
#16 优化模型
#9 供应链
#11 配送模式

图1-3 CNKI数据库中物流绩效文献关键词共现聚类分析图

共建“一带一路”倡议和国际物流绩效方向；#9、#16可归为物流系统集成或供应链资源整合对物流绩效的影响方向。

表 1-7　CNKI 数据库中物流绩效中心性出现频率排名前 10 的关键词

关键词	中心性	数量
物流绩效	0.61	129
绩效评价	0.38	148
物流	0.21	46
企业物流	0.09	21
绩效	0.07	34
物流成本	0.07	16
物流企业、物流业	0.06	28
指标体系	0.05	25
一带一路	0.04	16
港口物流	0.04	16
冷链物流	0.04	16

其次，是关键词突显分析。关键词突显分析可以观察关键词开始时间和持续时间，对于总结物流绩效领域研究方向和预测未来研究热点具有重要作用。WOS 数据库的文献，时间间隔为 1 年，$\gamma = 0.9$，其他参数选择默认，得到 10 个突显词，见图 1-4。其中，“能力”是持续时间最长的突显词，从 2011 年持续到 2018 年。“基础设施”从 2016 年延续至今，“物流绩效”指标从 2017 年延续至今，国际贸易和成本从 2019 年延续至今，未来在国际贸易环境下，关于物流基础设施、物流绩效评价指标和物流成本方面的研究会有进一步的突破。

CNKI 所筛选文献，时间间隔为 1 年，$\gamma = 1$，其他参数选择默认，得到 10 个突显词，见图 1-5，其中农产品持续时间最长，从 2015 年持续至今，是当前的研究热点，也是未来研究趋势之一。“一带一路”建设从 2016 年开始持续至今，说明自“一带一路”倡议提出以来，相关研究持续不断，

关键词	年份	强度	开始年份	结束年份	2002—2021
策略	2002	3.7	**2005**	2010	
配送管理	2002	4.58	**2007**	2011	
供应链管理	2002	2.79	**2008**	2009	
组织绩效	2002	2.76	**2008**	2012	
案例研究	2002	2.83	**2009**	2015	
能力	2002	3.07	**2011**	2018	
基础设施	2002	2.84	**2016**	2021	
物流绩效指标	2002	4.29	**2017**	2021	
国际贸易	2002	3.66	**2019**	2021	
成本	2002	3.06	**2019**	2021	

图 1-4　WOS 数据库中物流绩效研究的 10 个突显词

也是今后的研究方向；出口贸易从 2019 年持续至今，国际贸易环境下的物流绩效也将成为研究趋势之一。

关键词	年份	强度	开始年份	结束年份	2002—2021
零售企业	2002	3.88	**2002**	2006	
物流活动	2002	3.52	**2002**	2008	
绩效	2002	36.4	**2010**	2011	
物流	2002	4.63	**2011**	2012	
自贸区	2002	4.01	**2015**	2016	
冷链物流	2002	3.79	**2015**	2019	
农产品	2002	3.18	**2015**	2021	
一带一路	2002	5.92	**2016**	2021	
贸易潜力	2002	3.54	**2018**	2019	
出口贸易	2002	3.77	**2019**	2021	

图 1-5　CNKI 数据库中物流绩效研究的 10 个突显词

最后是关键词时区分析。分析关键词随时间变化可以观察物流绩效研究领域的动态变化趋势。对 WOS 数据库筛选文献的关键词进行时区分析，时间间隔为 1 年，其他参数默认，得出物流绩效关键词共现时区图，如图 1-6 所示。第一阶段是物流绩效评价体系框架；第二阶段是供应链资源整合与物流绩效关系研究，以及物流绩效与经济增长的关系；第三阶段是细分行业物流绩效体系，并且结合新的概念和理论，例如绿色物流、逆向物流等；第四阶段是国际贸易下的物流绩效。

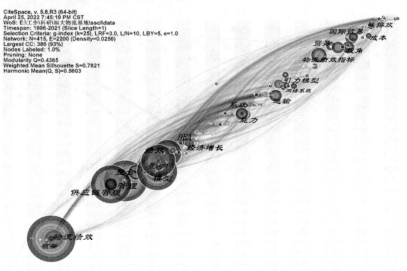

图1-6　WOS数据库中物流绩效研究的关键词时区图

CNKI所筛选文献，时间间隔1年，其他均选择默认值，得出关键词时区图，见图1-7。可以观察到国内研究热点关键词的变化趋势。国内研究第一阶段可总结为物流绩效评价体系，第二阶段可总结为细分行业物流绩效评价体系，量化方法改进。第三阶段可总结为农产品网络运输系统。第四阶段总结为出口贸易与物流绩效关系分析。

（6）被引文献分析

由于CNKI数据库无法导出被引文献，所以分析英文文献被引情况。WOS筛选文献，设置g-index（k=25），时间切片为1年，得出671个节点，2060条连线的可视化图谱。图谱共纳入671篇文献，共被引频次位居前5的文献见表1-8。

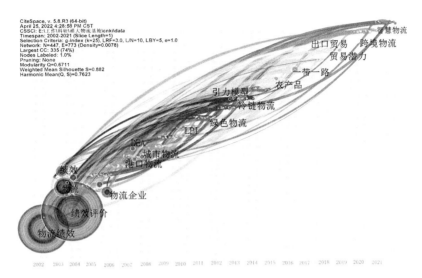

图 1-7　CNKI 数据库中物流绩效研究的关键词时区图

表 1-8　WOS 数据库中物流绩效共被引频次位居前 5 的文献

排序	作者	年份	题目	共被引频次
1	Khan SAR	2017	Environmental logistics performance indicators affecting per capita income and sectoral growth: evidence from a panel of selected global ranked logistics countries（影响人均收入和部门增长的环境物流绩效指标：来自选定的全球排名物流国家的证据）	27
2	Gani A	2017	The Logistics Performance Effect in International Trade（物流绩效在国际贸易中的作用）	25
3	Zaman K	2017	Green logistics and national scale economic indicators: Evidence from a panel of selected European countries（绿色物流与国家规模经济指标：来自选定欧洲国家专家组的证据）	22
4	Khan SAR	2019	Environmental, social and economic growth indicators spur logistics performance: From the perspective of South Asian Association for Regional Cooperation Countries（环境、社会和经济增长指标刺激物流绩效：从南亚区域合作联盟国家的角度来看）	21
5	Arvis J	2018	Connecting to Compete 2018: Trade Logistics in the Global Economy（连接与竞争 2018：全球经济中的贸易物流）	21

（7）被引期刊分析

由于 CNKI 数据库无法导出被引期刊，所以分析 WOS 数据库被引期刊情况。WOS 数据库所筛选文献，g-index（k=25），时间切片为 1 年，得到节点为 583，连线为 3737 的可视化图谱。被引频次位居前 3 的期刊分别为：《国际生产经济学杂志》（被引频次为 193，2020 年影响因子为 7.885）、《供应链管理杂志》（被引频次为 159，2020 年影响因子为 8.674）、《国际运营与生产管理杂志》（被引频次为 156，2020 年影响因子为 6.629）。

3. 国内外物流绩效研究对比分析

从发文量看，国内外关于物流绩效的研究发文量平稳增加。在合作发文中，不管是国内还是国外，虽然形成了合作团队，但作者间和机构间合作较少，联系不够紧密，没有出现高影响力的作者和机构。从国家和地区方面看，中国虽然研究起步较晚，但研究成果显著，发文量位于第一，且具有较高的中心性，说明中国研究的影响力较大。建议学者和机构扩大团队间合作，共同推进物流绩效研究领域的发展。

对关键词进行共现和突显分析，结果表明，国内外在物流绩效领域研究热点既有相同的部分，也存在差异。整体上国内外物流绩效领域研究热点主要有三类。

（1）物流绩效评价指标体系研究

国内外在这一领域的研究相同点是都涉及行业物流绩效评价指标体系和企业物流绩效评价指标体系。关于行业物流绩效评价指标体系研究，涉及的行业有烟草业（冯建海，2017）、铁矿石运输（陈继红等，2015）、汽车制造业（蓝蓝，2013）、造纸业（潘娅媚，2021）、农产品（卞玲玲等，2019）等。关于企业物流绩效评价指标体系研究，主要是衡量企业物流环节绩效，运用到的分析方法主要有灰色聚类分析法、层次分析法、数据包络分析法（DEA）、模糊综合评价法、平衡记分卡等（秦小辉等，2019；周茂春等，2015；Roy et al.，2018）。

不同的是国外在这一领域的研究除了关注行业和企业的物流绩效评价体系外（Ying et al.，2018），还注重国家物流绩效指标体系研究，分析适合国家范围的物流绩效评价指标体系，关注国家物流绩效与经济增长的关系以及提高国家物流绩效的策略（Kinra et al., 2020; Kumari et al., 2021）。

（2）物流系统集成或供应链整合对物流绩效影响研究

物流与供应链的关系密切。国内外许多学者从供应链角度出发，分析资源整合与物流绩效的关系，许多文献结果表明，资源整合和优化可提高物流绩效。王东生等（2020）分析了物流服务供应链整合对物流绩效的影响，结果表明二者具有显著的正向关系。Wang等（2018）基于资源整合的观点，调查物流能力、供应链不确定性和风险、物流绩效三个潜在变量之间的关系。结果表明它们之间存在显著的关系。El Abdellaoui和Pache（2019）分析了供应链破坏性事件对物流绩效的影响，结果表明破坏性事件对物流绩效具有负面影响。

（3）基于国际贸易和共建"一带一路"倡议的物流绩效研究

国内外关于这一领域的研究是热点，不同的是国内侧重于共建"一带一路"倡议下的物流绩效，研究范围主要是"一带一路"沿线国家。国外则侧重于国际贸易与物流绩效，研究范围更大。

在国内，随着共建"一带一路"倡议的提出和相关政策支持，中国与"一带一路"沿线国家贸易的加强，在物流方面的协作也逐渐加强。基于共建"一带一路"倡议的物流绩效研究渐渐丰富。其中中国与"一带一路"沿线国家物流绩效对比分析，以及"一带一路"沿线国家物流绩效对中国进出口贸易、中国经济增长等的影响是这一领域的热点话题。关于第一个热点话题，"一带一路"沿线国家间物流绩效对比分析，主要是利用世界银行发布的物流绩效指数（LPI）进行分析（闫柏睿等，2021；陆华等，2021）。关于第二个热点话题，主要是分析物流绩效对国际贸易和进出口的影响（陶章等，2020；李翠萍，2021）。

国外关于这一领域的研究，除了共建"一带一路"倡议背景下物流绩效研究外（Liang et al., 2020; Wang et al., 2019），更侧重于国际贸易、国际物流与物流绩效的关系，除了"一带一路"沿线国家，范围扩展至世界其他国家，例如欧盟（Ulutas et al., 2019）、非洲（Takele, 2019）等。

根据关键词时区分析结果，国内关于物流绩效的研究可分为四个阶段:第一阶段为 2002 年至 2010 年,强调基础研究和物流绩效指标体系建立;第二阶段为 2011 年至 2013 年,偏向各细分行业和企业物流绩效指标体系建立;第三阶段为 2014 年至 2015 年,注重农产品和共建"一带一路"倡议与物流绩效相关性研究;第四阶段为 2016 年至 2021 年,研究范围扩展至国际,侧重出口贸易和物流绩效相关研究。国外关于物流绩效的研究也分为四个阶段,但稍有不同。第一阶为 1998 年至 2003 年,建立物流绩效评价体系框架;第二阶段是 2004 年至 2010 年,注重供应链资源整合与物流绩效关系研究;第三阶段为 2011 年至 2018 年,偏向物流绩效体系应用以及细分行业物流绩效体系建设,并且结合新的概念和理论,例如绿色物流、逆向物流等;第四阶段为 2019 年至 2021 年,国际贸易下的物流绩效。

综上所述,物流业高质量发展是促进经济高质量发展的重要力量。物流绩效提高能促进经济发展、行业转型和企业盈利。对物流绩效的研究受到了学者的关注,相关学者从不同角度对物流绩效做了大量的分析,取得了丰富的成果。基于 CiteSpace 软件,分析和对比国内外现有成果、研究现状、研究热点和研究趋势。通过梳理发现国内外对物流绩效的研究存在异同点。相同点是国内外学者都关注物流绩效评价体系、物流绩效与供应链关系、共建"一带一路"倡议和国际贸易与物流绩效方向的研究、资源整合和供应链与物流绩效的影响关系研究。

国内外研究热点不同之处在于国内偏向行业和企业物流绩效评价体系研究,国外添加了关于国家范围内的物流绩效评价体系研究。国内偏向"一带一路"沿线国家的物流绩效研究,国外注重国际贸易与物流绩效关系研究,国家范围扩大。国内研究趋势是朝着农产品、共建"一带一路"倡议和出口贸易方向发展。国外研究前沿朝着物流基础设施和绩效、国际贸易和物流成本与绩效方向发展。

(二) 共建"一带一路"倡议与物流绩效的研究

关于共建"一带一路"倡议与物流绩效的研究,主要从两个方面展开,第一个方面是从理论层面分析共建"一带一路"倡议与物流业的相互促进作用，提出对策建议。雷洋和黄承锋（2022）认为长江经济带与共建"一带一路"倡议交通互联具有重要的战略价值，为了实现这一目标需要打通薄弱环节。陈向明（2021）提出国家物流体系的研究框架，通过案例分析中欧班列对大陆枢纽城市的影响。王蕊和王恰（2021）认为破除共建"一带一路"倡议物流瓶颈的途径是加强政治互信、推进倡议实施与物流协同发展、加快高水平物流集成场地建设和加快物流信息化建设。

　　第二个方面是实证分析，尤其是共建"一带一路"倡议背景与物流绩效的关系分析。首先是在新的环境下，考虑新变量和新因素，丰富物流绩效评价指标体系，并提出提升物流绩效的途径和措施。多指标体系的评价研究主要根据研究目的和数据可获得性，构建适合共建"一带一路"倡议物流绩效评价的指标体系，运用多种定量或综合分析方法，对共建"一带一路"倡议物流绩效进行综合评价，反映其物流绩效的综合水平和优劣势。利用的方法主要有灰色聚类分析法、层次分析法、数据包络分析法、模糊综合评价法、平衡记分卡等。例如 Zheng（2020）采用松弛测度模型（SBM）和层次回归相结合的方法，在碳排放约束条件下对相关数据进行动态分析。研究结果表明物流专业化程度对物流效率的促进作用显著，对环境绩效的促进作用显著。Luisa et al.（2017）针对物流绩效指数的 6 个维度，运用数据包络分析法计算整体物流绩效指数，分析了收入和地理区域的影响，并用数据分析验证，结果表明该模型的结果比传统模型的结果在排名中有一些优势。黄庆华和戴罗肖（2021）利用数据包络分析法对我国"一带一路"沿线重点省份的物流绩效进行评价。其次是对"一带一路"沿线国家物流绩效进行对比分析。由于涉及国家间的物流绩效对比，主要利用世界银行发布的国际物流绩效指数（Logistics Performance Index，LPI）进行分析。LPI 是世界银行自 2007 年起每两年发布一次的一项全球性的物流绩效评价，包括六个方面的指标，即清关效率、基础设施质量、国际运输安排、物流服务质量、货物追踪能力和时效性（Marti，2017）。基于 LPI 的物流绩效评价研究主要利用 LPI 的数据，对"一带一路"沿线国家的物流绩效进行排名、比较、聚类、回归等分析，揭示其物流绩效的水平、差异、影响因素和发展趋势。对比国家范围包括 RCEP（亚太地区全面经济伙伴关系协定）（闫柏睿等，2021）、中东欧国家（陆华等，2020）、欧盟（Ulutas et al.，2019）、非洲（Takele，2019）等。例如 Nazarko（2017）运用比较分析法探讨波兰、白俄罗斯、立陶宛、拉脱维亚、爱沙尼亚和俄罗斯参与共建"一带一路"倡议合作的潜力，得出这些国家必须改善物流绩效指数（LPI），提供较高物流服务水平，确保货物通过其领土时顺利运输，才能在共建"一带一路"倡议合作中扮演重要角色。陆华等（2020）对比了中国与中东欧"一带一路"沿线国家的物流绩效指数，得出影响各国物流绩效的因素次序，提出加强国际贸易和物流合作的措施。闫柏睿等（2021）比较了 RCEP 各成员国的物流绩效，认为各国差异较大。最后是研究共建"一带一路"倡议背景下物流绩效对进出口贸易和经济增长的影响。例如 Khadim（2021）等研究了发展中国家物流绩效指数对经济增长的调节作用，研究发现对于不同物流绩效水平的国家来说，劳动禀赋和资本禀赋对弹性系数的影响存在显著差异。Liang et al.（2020）运用结构方程模型（SEM）研究港口基础设施互联互通、物流绩效对经济增长的影响，结果表明港口基础设施互联互通与物流绩效同步发展、相互促进，形成促进贸易和经济增长的协同效应。陶章等（2020）运用基于改进的贸易引力模型分析发现物流绩效对"一带一路"沿线国家贸易水平有显著的正面影响。孙建秋等（2020）发现物流绩效对投资效应的发挥具有重要作用。曹蓄温（2021）分析物流绩效对我国农产品进口贸易的影响，结果表明二者呈正相关关系。也有学者分析后认为，物流绩效对我国进出口贸易、对外贸易或者贸易潜力具有重要影响（沈子杰，2019；缪鸿，2019；梁烨等，2019；王东方等，2018；郭苏文等，2018）。研究中涉及多种行业或产品，例如机电产品（黄伟新等，2014）、机电运输设备（冯正强等，2019）、生鲜农产品（万周燕等，2021）。通过研究我们可以看出，应增强铁路等基础设施建设促进对外贸易（张世琪等，2018），同时也能看出物流绩效对我国经济增长具有重要影响（张世琪等，2020）。

（三）研究述评

综上所述，从现有文献综述中看出现有研究取得了丰富的成果。从物流绩效的研究综述中可以看出现有研究热点和趋势之一是基于国际贸易和共建"一带一路"倡议的物流绩效研究。同时许多学者也对共建"一带一路"倡议和物流业的发展进行了较多的研究，但也存在一些不足：①国内外关于物流绩效评价指标体系和方法的研究主要集中在行业和企业层面，而对共建"一带一路"倡议下物流绩效评价指标体系主要考虑了静态的物流绩效评价，较少考虑不同年度物流绩效的动态评价，缺少对共建"一带一路"倡议提出前后沿线各省份物流绩效的动态对比分析；有关研究数据的时效性，使用 5 年研究数据较少。②国内外研究较多涉及"一带一路"沿线国家的物流绩效对经济增长、对外贸易的影响，较少从微观层面和实证层面，探讨共建"一带一路"倡议下经济增长、对外贸易对物流绩效的影响。③国内外关于共建"一带一路"倡议下物流产业发展所面临的机遇和挑战、所需政策支持、技术创新、人才培养等方面的分析主要从宏观层面出发，而对共建"一带一路"倡议下物流产业发展影响因素、所取得成效等方面的分析较少。因此本书在共建"一带一路"倡议背景下，探讨经济增长、国际贸易等作为影响因素的作用机制，既有宏观层面和微观层面的角度，又从实证分析和案例分析入手探讨共建"一带一路"倡议对我国物流产业绩效的影响机制、影响效应、影响路径，并提出一些优化策略和建议。

三、创新点

（一）研究角度丰富性

本书研究成果是跨学科的融合，涉及了物流绩效、共建"一带一路"倡议、跨境物流服务质量、供应链金融环境下订货策略、"数字丝绸之路"与智慧物流、物流供应链韧性、人才培养等多个相关领域，并在理论和实践层面上探索与共建"一带一路"倡议相关的物流绩效问题，为物流领域的学术研究提供了新的视角和思路。

（二）研究方法多样性

根据研究侧重点的不同和数据特征，本书研究中使用了来源不同的数据和多种研究方法，如数据来源有国际贸易数据、跨境电商数据、电商平台供应链金融数据、中欧班列数据等。涉及的研究方法包括定性和定量研究方法。定性研究方法包括案例分析法、专家咨询法、经验总结法。定量研究方法包括文献计量分析法、双重差分模型、数据包络分析法、Kano 模型、动态规划模型、SLP、遗传演算法等，这些多样的研究方法能够应对不同的研究侧重点和数据特征，为研究提供了全面而深入的分析手段，对共建"一带一路"倡议下物流产业绩效进行了全面和深入的评价和分析。

（三）研究思路逻辑性

在研究思路上，本书篇章安排展现了一定的逻辑性和连贯性。从基础篇到实证篇，再到策略篇，最后到案例篇，层层递进。从基础篇开始，系统地介绍了共建"一带一路"倡议及其相关政策背景、现状和战略价值；从实证篇开始，深入地分析了共建"一带一路"倡议对我国物流产业绩效影响效应，并提出了相应优化策略；从策略篇开始，探讨了共建"一带一路"倡议下物流产业创新实践和发展前景，并提出了相关建设方案；从案例篇开始，以实际案例为基础，对共建"一带一路"倡议下中国物流产业绩效优化和提升进行具体展示和分析。这种研究思路的扩展和逐步深入，使得研究具有层次感和全局性。

四、研究目的和意义

（一）研究目的

本书的探究目的是从国际贸易视角，通过全面的文献综述、实证分析、案例研究等研究方法，系统地探讨共建"一带一路"倡议对我国物流产业绩效的影响机制、影响效应、影响路径及其优化策略和建议，以期为我国物流产业发展提供科学依据和政策参考，为学术界和决策者提供参考，也为共建"一带一路"倡议下的物流合作与创新提供理论和实践参考。

（二）研究意义

理论意义：以共建"一带一路"倡议为背景，以我国物流产业绩效为核心，以国际贸易视角为切入点，运用多种研究方法，从理论与实证、策略与案例等多个层面，对共建"一带一路"倡议对我国物流产业绩效的影响进行了深入分析，丰富了物流产业绩效评价和提升的相关理论，拓展了共建"一带一路"倡议下物流合作与创新的相关研究。

现实意义：对于共建"一带一路"倡议对我国物流产业绩效的影响所面临的机遇和挑战、共建"一带一路"倡议下跨境电商物流面临的挑战、共建"一带一路"倡议下国际物流供应链韧性面临的挑战、培养综合型人才等提出了相应的优化策略和建议，为我国物流产业高质量发展和国际竞争力提升提供了参考路径和方法。

国际意义：通过介绍两个与共建"一带一路"倡议相关的物流案例，展示了共建"一带一路"倡议下物流产业的创新与变革，以及对我国和沿线国家经济社会发展的积极作用，为促进我国与沿线国家的经贸合作和互利共赢提供了有益的经验和启示。

五、研究内容和框架

（一）研究内容

本书分为四个篇章，分别是基础篇、实证篇、策略篇和案例篇。

第一篇为基础篇，共3个章，第1章是导论，介绍了研究的背景和意义，概述了国内外物流绩效研究的现状，明确了研究目的、意义、内容和框架。第2章为共建"一带一路"倡议：古丝绸之路的复兴，介绍了共建"一带一路"倡议的过去、现在和战略价值。通过对古代丝绸之路与共建"一带一路"倡议的关系进行深入剖析，深刻理解共建"一带一路"倡议的历史渊源和政策背景。第3章为共建"一带一路"倡议对全球贸易格局的影响，分析了其对全球贸易规模、结构、体系、秩序以及发展趋势等方面的影响，为后续实证分析提供了理论支持。

第二篇为实证篇，以实证分析、数量分析为主要手段，探究了共建"一带一路"倡议对我国物流产业绩效的影响效应，并提出了相应的优化策略和建议。共有4个章节。第4章为共建"一带一路"倡议对我国物流产业影响分析，构建了共建"一带一路"倡议影响效应评估模型和中介效应检验模型，细致分析了共建"一带一路"倡议对我国物流绩效的影响机制，剖析了国际贸易在其中的中介作用，分析了共建"一带一路"倡议对各省物流产业发展的异质性影响。第5章为共建"一带一路"倡议沿线省份物流绩效评价分析，对我国沿线各省份物流绩效进行评价和动态分析，并对共建"一带一路"倡议提出前后沿线省份物流绩效进行了比较，再运用聚类分析，按沿线各省份物流效率表现性质进行分组，更直观对比各组的物流效率差异和各组的特征。揭示了共建"一带一路"倡议下沿线各地物流产业的现状和发展趋势，为政策制定提供了参考依据。第6章为大件及重货品类跨境物流服务质量提升研究——以中国跨境电商卖家为视角，基于SERVQUAL量表建立了跨境物流服务指标体系，采用Kano模型对各要素进行归属分类和重要度排序，得出促进跨境物流服务的因素，进而持续优化跨境服务质量。第7章为共建"一带一路"倡议下电商平台供应链金融体系中零售商最优动态订货策略研究，建立了零售商最优订货策略动态规划模型，并运用动态规划模型求解了零售商单期和多阶段的最优订货策略，从而为电商平台供应链金融的优化和发展提供了理论支持和方法指导。

第三篇为策略篇。从不同的角度和领域，探讨了共建"一带一路"倡议下物流产业的创新实践和发展前景，并提出了相关的建设方案和管理启

示。共有 4 个章节。第 8 章为共建"一带一路"倡议下跨境电商物流发展
策略分析，探究共建"一带一路"倡议下跨境电商物流的发展机遇，并对
其面临的挑战提出了发展策略。第 9 章为共建"一带一路"倡议下中国国
际物流供应链韧性提升路径，分析了国际物流供应链的特征，从地理、基
础设施、管理、风险、技术、自然灾害、知识产权和资金八个方面分析了
共建"一带一路"倡议下提升中国国际物流供应链韧性面临的挑战和提升
路径。第 10 章为"数字丝绸之路"智慧物流生态系统的构建：合作共赢、
共同发展。探究了两者间的融合关系，探讨了智慧物流生态系统构建的意
义和价值，并提出了智慧物流生态系统主体的角色和功能以及合作模式。
第 11 章为共建"一带一路"倡议下商科人才培养教学模式探索与实践：
虚拟仿真实验，分析了共建"一带一路"倡议下通过虚拟仿真实验培养商
科人才的模式和效果。

　　第四篇为案例篇，以实际案例为基础，对共建"一带一路"倡议下中
国物流产业绩效优化和提升进行具体展示和分析。共有两个章节。第 12 章
为基于 SLP-GA 电商仓库布局优化设计，以某跨境电商企业为例，分析如
何利用 SLP-GA 法进行电商仓库布局优化设计，深入了解如何提高电商物
流的效率和效益。第 13 章为中欧班列：提升共建"一带一路"倡议物流
效率的关键因素及启示，本章以中欧班列为例，回顾了中欧班列开通的背
景和发展进程，详细分析了其在共建"一带一路"倡议下的发展策略、创
新举措以及取得的成效，分析了中欧班列成功的关键因素，评价了中欧班
列对共建"一带一路"倡议物流效率的提升作用，并总结了中欧班列启
示。通过这些案例，旨在展示共建"一带一路"倡议的具体影响，为相关
企业提供借鉴和启示，推动我国物流业的健康发展。

（二）研究框架

　　本书研究框架如图 1-8 所示。

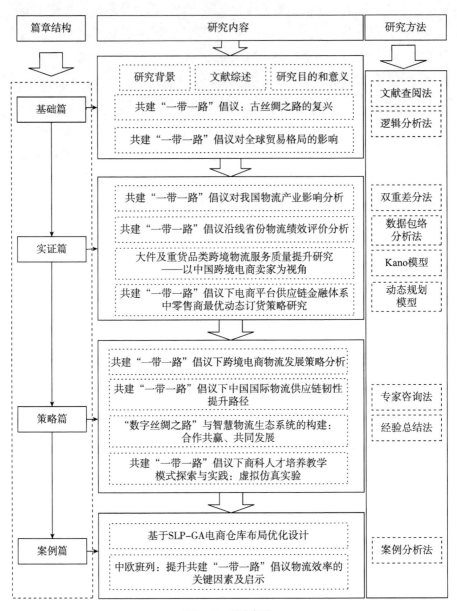

图1-8 研究框架

第 2 章　共建"一带一路"倡议：
古丝绸之路的复兴

一、古丝绸之路

（一）古丝绸之路的形成

古丝绸之路是指从中国出发，经过中亚、西亚到达欧洲的一系列陆上和海上的商业贸易和文化交流的路线。它的名称来源于中国生产的丝绸，这种珍贵的商品在古代是沿线各国最主要的贸易品之一。丝绸之路不仅促进了东西方的物质交流，也促进了不同文明的思想、艺术、宗教、科技等方面的互相影响和借鉴。古代"丝绸之路"，是中国为开辟海外交通而主导世界三千年、致力于"协和万邦""天下一体""中外一家"将政治、经济、文化联结一体的陆上、海上通道（曲金良，2019）。

1. 陆路丝绸之路

丝绸之路的历史可以追溯到公元前 2 世纪，当时中国的汉朝为了抵御北方游牧民族的侵扰，派遣张骞出使西域，与中亚和西亚的国家建立了外交和贸易关系。从此，中国与西域各国之间开始了长期而频繁的商业往来，形成了以长安（今西安）为起点，经过甘肃、新疆、中亚、西亚直到地中海沿岸的陆上通道，即所谓的"陆路丝绸之路"。

随着时间的推移，丝绸之路不断延伸和分支，形成了多条线路和多个节点。其中最著名的有南线、中线和北线三条主要线路。南线从中国塔克拉玛干沙漠南缘，经过和田、莎车等地到达葱岭，然后分别通向印度、伊朗和阿拉伯半岛。中线从中国塔克拉玛干沙漠北缘，经过吐鲁番、库车、阿克苏、喀什等地到达费尔干纳盆地，然后通向撒马尔罕、布哈拉等中亚重镇。北线从中国天山北麓，经过哈密、乌鲁木齐、伊宁等地到达碎叶（今比什凯克），然后沿着咸海、里海、黑海的北岸到达君士坦丁堡（今伊斯坦布尔）。[①]

2. 海上丝绸之路

除了陆上通道外，还有一条重要的海上通道，即所谓的"海上丝绸之路"。它起源于公元前 2 世纪左右，当时中国南方沿海地区开始与东南亚和印度洋沿岸地区进行海上贸易。随着航海技术和船舶制造的进步，海上丝绸之路逐渐扩展到波斯湾、红海和非洲东岸等地区。海上丝绸之路不仅运送了大量的商品，如瓷器、茶叶、香料等，也促进了大量文化信息和宗教的传播。

（二）古丝绸之路兴衰简史

丝绸之路是指古代连接中国和西方的一条重要的陆上贸易通道，以运输丝绸而闻名于世。它不仅促进了东西方的经济、文化、宗教、科技等方面的交流，也见证了中外历史上许多重大的事件和变化。丝绸之路兴起于汉朝，繁荣于隋唐，衰落于明清。

1. 丝绸之路的兴起：汉

丝绸之路的开辟与中国汉朝的对外扩张密切相关。公元前 2 世纪，汉武帝为了抵御北方匈奴的侵扰，派遣张骞出使西域，与西域各国建立了友

---

① 邢广程. 丝绸之路的历史价值与当代启示. [EB/OL]. (2014-10-20) [2023-08-06]. https://epaper.gmw.cn/gmrb/html/2014-10/20/nw.D110000gmrb_ 20141020_ 2-11.htm.

好关系，并打通了从长安到中亚的商道。这是中国历史上第一次有组织的对外交往活动，也是丝绸之路的雏形。随后，汉朝在西域设立都护府，加强了对西域的控制和保护，使得丝绸之路得以顺畅运行。同时，汉朝还与罗马帝国等西方大国建立了间接的贸易联系，使得中国的丝绸、茶叶、瓷器等商品传播到欧洲，而欧洲的玻璃、珍珠、琥珀等商品也传入中国。这一时期是丝绸之路的兴起和发展时期，也是东西方交流最为频繁和密切的时期。

2. 丝绸之路的繁荣：隋唐

丝绸之路繁荣于公元 6 世纪的隋唐时期。隋炀帝打通并巩固丝绸之路，在张掖举行了万国博览会，促进了中外贸易。隋朝在统一中国后，修筑了大运河，连接了南北水系，为沿线各地商品的流通提供了便利。唐朝则在隋朝的基础上进一步扩大了对西域的控制范围，并与突厥、吐蕃等周边民族建立了比较稳定的关系，为丝绸之路的安全提供了保障。唐朝对丝绸之路的交通高度重视，设立了安西都护府和北庭都护府，保护唐朝与西域诸国之间的交通要道。唐朝时中国在国际贸易中占据了重要的位置，是当时全球最大的经济体，通过古代丝绸之路将东方文明带到了中亚、西亚和欧洲，彰显了文化和经济实力，延续了自古以来的国际经济影响力（涂永红等，2015）。唐代海上丝绸之路也有了新的发展，有从登州到高丽的渤海道和从广州到阿拉伯的通海夷道两条航线。

3. 丝绸之路的转变：宋元

宋元时期是中国历史上一个重要的转折时期，也是丝绸之路发生重大变化的时期。宋朝由于受到北方契丹、金、蒙古等民族的威胁，不得不放弃了对西域的控制，使得陆上丝绸之路的安全和稳定受到了影响。同时，宋朝在南方的海上贸易得到了空前的发展，使得海上丝绸之路逐渐超越了陆上丝绸之路的地位和作用。

元朝建立了一个横跨亚欧非三大洲的庞大帝国，使得中国与西方的联系更加紧密和直接，把欧亚大陆紧密联系在一起，并在大蒙古帝国领土内建立了庞大高效的驿站网络。元朝还实行了比较开放的对外政策，鼓励各国商人、使节、宗教人士等来华通商、访问、传教等。其中最著名的例子就是意大利旅行家马可·波罗，他曾经在元朝生活了17年，并将其所见所闻写成了《马可·波罗游记》，向西方介绍了中国的风土人情和文化风貌。元代的纸币制度和功能都超越了唐宋，纸币被广泛地使用。无论是对外分封的诸王还是中亚和欧洲的商队，或者是各国的进贡，元代都用纸币来支付。马可·波罗记载了纸币的制造、发行、管理和回收过程。

4. 丝绸之路的衰落：明清

明代陆上丝绸之路衰落，海上丝绸之路先繁荣后衰落。明朝在初期曾经派遣郑和下西洋，进行了七次海上远航，与东南亚、南亚、西亚等地区进行了广泛的贸易和交流，建立了友好关系，强化了经济文化联系。但是由于种种因素影响，明朝在15世纪中叶开始实行海禁政策，禁止民间与外国进行海上贸易，使得海上丝绸之路遭到了沉重打击。同时，明朝也对陆上丝绸之路采取了冷淡和消极的态度，与西域各国的往来减少，使得陆上丝绸之路日益衰落。

清代陆上丝绸之路更加衰落，海上丝绸之路也受到西方殖民主义的冲击。清朝闭关自守，限制对外贸易，导致中国与西方的经济文化交流逐渐减少。

从以上四个阶段可以看出，古代丝绸之路是一个动态变化和发展的过程，它与中国和西方的历史、政治、经济、文化等因素有着密切的联系。丝绸之路在不同时期有着不同的特点和作用，但其总体上体现了人类文明交流合作的精神和价值。

（三）古丝绸之路价值

1. 文化价值

古丝绸之路具有极大的文化旅游价值（付丽娜，2023）。它是东西方文明交流互鉴的重要桥梁和纽带，促进了人类社会的进步和发展。通过丝绸之路，中国传播了造纸术、印刷术、火药、指南针四大发明及其他技术，以及儒家思想、佛教、道教等文化遗产。同时，中国也吸收了西方的天文学、数学、医学、音乐、绘画等知识和艺术，以及基督教、伊斯兰教等宗教信仰。丝绸之路上的各国人民，通过贸易、旅行、使节、宗教传播等方式，增进了相互了解和友谊，促进了多元文化的共存和融合。

2. 经济价值

各种商品如丝绸、茶叶、香料、玉器、金银等在中西方之间进行贸易交换，促进了各地区的经济发展和市场繁荣。例如，中国的丝绸在西方国家享有很高的声誉和价格，被视为奢侈品和外交礼物；同时，中国也从西方国家进口了许多珍贵的商品，如玻璃器皿、珍珠、宝石等。又如，茶叶作为中国的特产，在丝绸之路上广泛流通，并逐渐成为西方国家的日常饮品和重要商品。还有，丝绸之路上的贸易活动也催生了一些重要的商业城市和商业组织，如敦煌、长安、巴格达等城市以及粟特人等商人群体。

3. 政治价值

丝绸之路上，各国政府为了保护和促进贸易活动，采取了一些政策措施，如建立驿站系统、派遣使节团队、签订条约协议等。这些措施增进了各国之间的政治沟通和友好关系，也为后来的区域合作和一体化奠定了基础。例如，汉朝为了抵御匈奴的侵扰和开拓西域市场，派遣张骞出使大月氏，并与西域各国建立了郡县制度和都护制度；同时，汉朝也与罗马帝国进行了间接的外交往来，并通过使者互赠礼物。又如，唐朝为了巩固和扩大对西域的控制，与突厥、吐蕃等民族进行了多次战争和联盟，也与阿拉伯帝国、东罗马帝国等国家保持了友好的外交关系。还有，明朝为了展示国威和拓展海外贸易，派遣郑和下西洋，访问了东南亚、南亚、西亚等地区的三十多个国家，并与之建立了朝贡体系。

二、共建"一带一路"倡议：古丝绸之路的复兴

（一）共建"一带一路"倡议提出

自 2008 年国际金融危机爆发以来，世界经济复苏步伐缓慢，贸易保护主义抬头，国际贸易规则面临调整，区域合作遭遇阻碍，全球经济治理体系和秩序面临挑战。

中国作为世界第二大经济体，既受到这些变化和挑战的影响，也承担着应对这些变化和挑战的责任。中国需要深化改革开放，推动经济转型升级，提高创新能力和国际竞争力，扩大对外开放和区域合作，维护国家安全和利益，促进世界和平与发展。

面对世界环境变化和挑战。2013 年 9 月，中国国家主席习近平在哈萨克斯坦首次提出共同建设"丝绸之路经济带"的战略构想，强调要加强沿线国家的政策沟通、设施联通、贸易畅通、资金融通和民心相通。同年 10 月，习近平主席在印度尼西亚国会演讲时，进一步提出共同建设 21 世纪"海上丝绸之路"的倡议，指出要加强沿线国家的海上合作、海上安全、海上文化和海洋环境保护，勾画出了共建"一带一路"倡议概念的雏形。2013 年 11 月，中共十八届三中全会把共建"一带一路"倡议升级为国家战略，并成立了领导小组，制定了规划纲要和行动计划，推动了相关国家和地区的对接和合作。

"一带"即是"丝绸之路经济带"，是指从中国出发，经中亚、西亚到达欧洲的陆上贸易通道。"一路"即是"21 世纪海上丝绸之路"，是指从中国沿海港口出发，经南海、印度洋到达欧洲、非洲和大洋洲的海上贸易通道。

共建"一带一路"倡议与古丝绸之路有着历史渊源和精神传承。共建"一带一路"倡议正是中国为应对当今世界的变化和挑战，满足自身发展需要而提出的一项重大国际合作倡议。它顺应了全球贸易国际化、世界多

极化、文化多样化与不断融合，信息技术快速发展的趋势，遵循开放的区域合作原则，倡导平等共赢的全球自由贸易体系。它的目标是推动沿线各国经济政策沟通顺畅和高效协调，促进经济资源的有序自由流动和高效配置，进而共同建设平等、包容、共同富裕的经济合作体系。倡议符合国际社会的基本利益，展现了人类社会共同理想和美好追求，是国际合作和全球治理新模式的积极尝试，为世界和平发展注入新的积极力量。

（二）共建"一带一路"倡议的战略内涵

1. 共建"一带一路"倡议的主要内容：五大合作优先领域

共建"一带一路"倡议旨在促进亚欧非大陆及附近海洋的互联互通，加强沿线各国的经济合作伙伴关系，共同打造政治互信、经济融合、文化包容的利益共同体、命运共同体和责任共同体。根据 2015 年发布的《推动共建丝绸之路经济带和 21 世纪海上丝绸之路的愿景与行动》，共建"一带一路"倡议的主要内容包括以下五大合作优先领域：

政策沟通：加强沿线各国之间的政策对话和战略对接，建立高层交往机制，深化宏观经济政策协调，推进区域合作框架和机制建设，促进政治互信和战略互谅。

设施联通：以交通基础设施为重点，推进陆上、海上、空中和网上四位一体的联通网络建设，打造国际物流、能源、信息等通道，提高沿线各国的互联互通水平。

贸易畅通：以简化贸易投资程序为重点，推进贸易便利化，消除贸易投资壁垒，建立自由贸易区和跨境经济合作区，扩大双边和多边贸易规模。

资金融通：以多元化融资渠道为重点，推进金融市场开放和金融监管协调，加强本币结算和本币互换，支持多边开发银行、区域金融机构和商业银行等参与共建"一带一路"倡议项目投融资。

民心相通：以人文交流为重点，推进教育、科技、文化、旅游、卫生等领域的合作，加强民间组织、智库、媒体等社会力量的交流，增进沿线各国人民的相互了解和友谊。

2. 共建"一带一路"倡议的主要特点：共商共建共享原则

共商共建共享原则是共建"一带一路"倡议对全球治理理论的重要贡献（王亚军，2017）。共建"一带一路"倡议是一个开放性的合作平台，不是一个封闭性的地缘政治联盟。它不是中国单方面提出或推动的计划，而是中国与沿线各国共同参与或响应的倡议。它不是中国输出自身发展模式或价值观念的工具，而是中国与沿线各国寻求共同发展或利益契合的途径。因此，共建"一带一路"倡议遵循以下三个基本原则：

共商：即在平等尊重、兼容并包、求同存异的基础上，通过广泛对话协商，找出沿线各国发展战略和利益诉求的契合点和交汇点，形成共识和方案。

共建：即在互利互惠、优势互补、风险分担的基础上，通过广泛项目合作，实现沿线各国基础设施、产业、市场的互联互通，提升沿线各国的发展能力和水平。

共享：即在包容开放、合作共赢、普惠均衡的基础上，通过广泛利益分配，实现沿线各国经济社会的协调发展，增强沿线各国人民的幸福感。

3. 共建"一带一路"倡议的主要载体：六大经济走廊和重点项目

共建"一带一路"倡议是一个宏大的愿景，需要通过具体的项目和平台来实施和落地。目前，共建"一带一路"倡议的主要载体有以下两类：

六大经济走廊：即新亚欧大陆桥经济走廊、中蒙俄经济走廊、中巴经济走廊、中南半岛经济走廊、孟中印缅经济走廊和中亚西亚经济走廊。这些经济走廊是沿线各国发展战略对接的重要平台，是"一带一路"建设的重点区域，是推动区域合作互联互通的主要路径。

重点项目：即在沿线各国开展的具有战略意义或示范作用的基础设施建设、产业合作、贸易投资等领域的项目。这些项目是"一带一路"建设的重要内容，是促进沿线各国发展繁荣的重要手段，是实现共建"一带一路"倡议愿景与行动的重要载体。

三、共建"一带一路"倡议的实施进展和成效

共建"一带一路"倡议在以习近平同志为核心的党中央的坚强领导下，得到了有效实施。我国经过统筹谋划，积极推动高质量发展，积极与沿线各国共建"一带一路"倡议，坚持合作共赢，贯彻共商共建共享原则，积极推动与沿线各国的基础设施建设；积极协商国际规则和标准；同时加强与各国的交流和合作，促进民心相通。在一系列的项目落地和政策协调之后，促使共建"一带一路"倡议高质量发展，并取得切实、丰硕的成果。具体来看，主要表现在以下几个方面。

（一）深化政策协调，国际共识不断形成

通过加强政策协调，为共建"一带一路"倡议提供了行动导向和重要支持。自倡议提出以来，我国积极与沿线国家或者国际组织商议和沟通协调，形成了广泛国际合作共识，共同推进共建"一带一路"倡议事业。中国与沿线国家开展了广泛的对话协商，就共建"一带一路"倡议的原则、框架、重点领域等达成了广泛共识，并制定了《推动共建丝绸之路经济带和 21 世纪海上丝绸之路的愿景与行动》等文件，这些文件为共建"一带一路"倡议提供了指导性文件①。截至 2023 年 6 月，中国已经同 152 个国家和 32 个国际组织签署 200 余份共建"一带一路"倡议合作文件，涵盖投资、贸易、金融、科技、社会、人文、民生等领域②。除此之外，我国还积极参与并推动了应对气候变化、防控新冠肺炎疫情等全球性问题的合作，为维护世界和平与发展做出了重要贡献。

---

① 推进"一带一路"建设工作领导小组办公室. 共建"一带一路"倡议：进展、贡献与展望 [EB/OL]. (2019-04-22) [2023-08-06]. http://www.xinhuanet.com/world/2019-04/22/c_1124400071.htm.

② 党的十八大以来经济社会发展成就系列报告："一带一路"建设成果丰硕 推动全面对外开放格局形成 [EB/OL]. (2022-10-09) [2023-08-06]. https://www.gov.cn/xinwen/2022-10/09/content_5716806.htm.

（二）加强设施联通，互通互联水平不断提升

基础设施是"一带一路"建设的首要方面，是互联互通的根本。截至 2021 年，在充分沟通基础上，在各方的共同推动下，已经基本确立"六廊六路多国多港"的互联互通架构格局，许多基础设施建设项目成功落地实施[①]。2013 年至 2022 年，我国在"一带一路"沿线国家承包工程新签合同额、完成营业额累计分别超过 1.2 万亿美元和 8000 亿美元[②]。这些工程涵盖了铁路、公路、航空、港口和桥梁等当地经济社会发展急需的基础设施。在铁路建设方面，一条条铁路陆续投入建设和开通运营，成为共建"一带一路"倡议的重要建设成果，成为经济合作的新引擎。2021 年 12 月中老铁路全线通车运营，这是共建"一带一路"倡议的标志性工程，对促进区域互联互通具有里程碑意义[③]；匈塞铁路（连接贝尔格莱德和匈牙利首都布达佩斯）是共建"一带一路"倡议重点合作项目，其中的贝诺段（贝尔格莱德至诺维萨德段）在 2022 年 3 月正式开通，实现了中国与欧盟铁路技术规范的对接[④]。2023 年 10 月 2 日雅万高铁正式启用，这是中国和印尼共建"一带一路"倡议的重要项目，雅万高铁的开通将进一步促进对两国经贸往来，合作共赢[⑤]。中泰铁路的建造也在稳步推进。作为铁路网络的重要组成部分，2023 年中欧班列 7 月就已经累计开行达 10000 列，较 2022 年提前 22 天破万列，累计发送货物 108.3 万标箱，同比增长 27%，为推动共建"一带一路"倡议高质量发展做出了积极贡献。在公路建设方

---

① 杨达. 推动共建"一带一路"高质量发展不断取得新成效 [EB/OL]. (2021-12-28) [2023-08-06]. http://www.qstheory.cn/dukan/hqwg/2021/12/28/c_ 1128207611.htm.

② "一带一路"产能合作持续深化 [EB/OL]. (2023-04-30) [2023-11-17]. http://paper. ce.cn/pad/content/202304/30/content_ 273372.html.

③ 跨越山河联结友谊——写在"一带一路"标志性工程中老铁路开通运营之际 [EB/OL]. (2021-12-04) [2023-11-15]. https://www.gov.cn/xinwen/2021/12/04/content_ 5655780.htm.

④ 铁路建设：高质量共建"一带一路"的生动实践 [EB/OL]. (2023-10-11) [2023-11-17]. https://www.nra.gov.cn/xwzx/xwxx/xwlb/202310/t20231011_ 343372.shtml.

⑤ 元首外交｜中印尼元首为雅万高铁正式开通运营揭幕 [EB/OL]. (2023-10-18) [2023-11-15]. http://www.news.cn/politics/leaders/2023-10-18/c_ 1129922765.htm.

面，中巴经济走廊"两大"公路顺利完工并移交通车，一系列产业项目在瓜达尔港自贸区开工建设，中俄黑河大桥建设竣工。在港口建设方面，一座座港口建设并落成。巴基斯坦瓜达尔港、希腊比雷埃夫斯港、肯尼亚拉穆港①、吉布提首都吉布提市多哈雷多功能港、埃及艾因苏赫纳港和阿布基尔港、斯里兰卡科伦坡港和汉班托塔港、科特迪瓦阿比让港、尼日利亚拉各斯莱基深水港、巴西巴拉那瓜港②等港口成为共建"一带一路"倡议海上航线的重要组成部分，加深了各国海上互联互通。在航空方面，国际民航运输航线合作稳步增长，截至 2021 年末，我国与 100 个国家签订双边政府间航空运输协定，与其中 54 个国家保持定期客货运通航，与东盟、欧盟签订区域性航空运输协定。

（三）促进贸易畅通，深化经贸投资合作

共建"一带一路"倡议在促进全球贸易合作、深化经济关系方面发挥了关键作用，参与国的贸易更加畅通和便利，经贸投资合作不断加深，贸易方式更加多元，贸易渠道不断拓宽，创造了更多的发展机会和经济增长动力。在进出口方面，从 2013 年到 2022 年，我国与"一带一路"沿线国家进出口总额累计 19.1 万亿美元，年均增长 6.4%。在投资方面，从 2013 年到 2022 年，与沿线国家双向投资累计超过 3800 亿美元，其中中国对外直接投资超过 2400 亿美元，在工程建设方面，从 2013 年到 2022 年，中国在沿线国家承包工程新签合同额累计达到 2 万亿美元，完成营业额累计达到 1.3 万亿美元③。截至 2022 年底，我国企业在沿线国家建设的境外经贸

---

① 深化港口合作　促进贸易畅通（共建"一带一路"）［EB/OL］.（2022-02-20）［2023-11-17］. http://world.people.com.cn/n1/2022/0220/c1002-32355449.html.

② "一带一路"倡议十周年 | 港口建设：共话合作新机遇［EB/OL］.（2023-10-09）［2023-11-17］. https://new.qq.com/rain/a/20231009A00MSE00.

③ "一带一路"倡议数据"说" | 中国与沿线国家贸易投资规模稳步扩大［EB/OL］.（2023-10-10）［2023-11-17］. http://www.xinhuanet.com/2023-10/10/c_1129909607.htm.

合作区累计投资达 571.3 亿美元，为当地创造了 42.1 万个就业岗位①。

"丝路电商"成为加强经贸合作与投资的新增长点。2016 年，中国与共建"一带一路"倡议国家智利首签电子商务合作谅解备忘录，标志着"丝路电商"国际合作的开端。至 2020 年末，签署合作谅解备忘录的国家增至 16 个，与 22 个国家建立"丝路电商"双边合作机制，开展多层次多领域的合作，扩宽经贸合作的新通道②。截至 2023 年 9 月，签署双边电子商务合作备忘录的国家增至 30 个，"丝路电商"成为国际经贸合作的新渠道和新亮点，合作伙伴国遍及全球五大洲③。

（四）拓展合作新领域，推动转型发展新动能

共建"一带一路"倡议突破了领域外溢合作，以互联互通推动多维合作（孙吉胜，2020），不断拓展合作新领域，范围扩展至数字经济、健康、绿色等多个领域，为国际合作开辟了新的前景。

在促进绿色低碳发展领域，我国与沿线国家共同推动绿色低碳发展，通过开展清洁能源、节能环保、生物多样性等领域的合作，打造了"绿色丝绸之路"。我国发布了一系列发展绿色共建"一带一路"倡议的意见和政策，对接《联合国 2030 年可持续发展议程》。为了进一步强化生态保护，中方积极建设生态环保大数据平台、绿色金融发展平台等，致力于建立可持续发展的合作伙伴关系。各国加强了在清洁能源、环保技术等领域的合作。共同制定了绿色经济政策，鼓励可再生能源的利用，推动绿色技术的创新，降低能源消耗和环境污染。这不仅有助于减缓气候变化，还为各国提供了可持续的经济增长路径。

---

① 我国与"一带一路"沿线国家货物贸易额十年年均增长 8% ［EB/OL］. (2023-03-02) ［2023-09-20］. http://www.scio.gov.cn/gxzl/ydyl_26587/zxtj_26590/zxtj_26591/202303/t20230320_708672.html.

② 党的十八大以来经济社会发展成就系列报告："一带一路"建设成果丰硕 推动全面对外开放格局形成 ［EB/OL］. (2022-10-09) ［2023-09-20］. https://www.gov.cn/xinwen/2022-10/09/content_ 5716806.htm.

③ 推进"丝路电商"合作先行发展"一带一路"数字经济 ［EB/OL］. (2023-10-30) ［2023-11-13］. https://www.chinanews.com.cn/ydyl/2023/10-30/10103007.shtml.

在新经济领域，共建"一带一路"倡议积极推动数字经济、绿色经济、循环经济等新型发展模式的合作，打造创新而繁荣的"数字丝绸之路"，为沿线国家转型升级提供了新的动能。各国通过加强数字基础设施建设、促进信息技术创新，共同推动数字化转型。合作包括共建数据中心、推动 5G 网络建设、开展人工智能研究等，为沿线国家提供数字经济发展的新动力。这不仅促进了产业的数字化升级，也为中小企业提供了更广阔的数字市场。同时，各国加强了在科技创新、科研合作等方面的合作，共建"一带一路"倡议联合实验室①，推动科技成果转化，助力各国在数字经济、生物技术、新材料等领域的创新发展。

在卫生健康领域，中方与"一带一路"沿线国家共同致力于构建和谐的"健康丝绸之路"，推动卫生健康事业的共同繁荣，加强疾病防控、医疗服务、公共卫生等方面的合作。中方与沿线国家共同推进建立应对传染病和慢性病的机制，共同开展疫苗研发和制造，提高对新兴传染病的监测和防范水平。通过设立医疗合作机构、共建医疗中心等方式，推动医疗资源的共享和协同发展；通过共建卫生设施、提供培训、分享先进经验等方式，共同提高沿线国家的基层医疗水平。在新冠肺炎疫情期间我国与沿线国家共同应对新冠肺炎疫情，开展疫苗合作和抗疫援助，提供千亿件抗疫物资，开展疫情防控和医疗救治技术交流活动，派出抗疫医疗专家组等，为维护全球公共卫生安全做出了重要贡献②。

（五） 增进民心相通，人文交流合作不断深化

加强人文交流合作、促进民心相通是共建"一带一路"倡议的重要内容，是推动各国人民友好往来的重要力量。我国与沿线国家之间的人文交流日益频繁，已成为共建"一带一路"倡议的重要支撑。通过促进文化、

---

① 共建创新之路　携手合作发展——首届"一带一路"科技交流大会观察 ［EB/OL］. （2023–11–08）［2023–11–13］. http://www.news.cn/politics/2023–11/08/c_ 1129965220.htm.

② 携手同心　共克时艰——中国为国际抗疫做出重要贡献 ［EB/OL］. （2023–01–15）［2023–11–13］. https://www.gov.cn/xinwen/2023–01/15/content_ 5737051.htm.

教育、旅游等领域的合作，可以进一步拉近各国人民之间的距离，增进相互了解和尊重。在教育领域，2016 年 7 月，我国制定了《推进共建"一带一路"倡议教育行动》，以基础性、支撑性、引领性三方面政策举措为框架，积极推进与沿线国家的教育政策沟通、教育合作渠道畅通、语言互通、民心相通、学历学位认证标准连通。我国与"一带一路"沿线国家积极进行政策沟通，推动教育合作，实施"丝绸之路"奖学金项目，签署高等教育学历学位互认协议，设立国际合作联合实验室等，鼓励沿线国家的学生来华学习①。在旅游领域，我国与沿线国家共同推动了丝绸之路旅游联盟合作平台建设，举办丝绸之路旅游年等，旅游交流规模大幅增加，为促进文化互鉴提供了有力支持。截至 2023 年 9 月共建"一带一路"倡议辐射区域的国际旅游交流规模占全球旅游人次的 70%以上，中国与"一带一路"沿线国家和地区双向旅游交流规模超过 5000 万人次②。这一庞大的数字不仅反映了沿线国家人民对彼此文化的浓厚兴趣，也加强了各国之间的人际交往和相互了解。

总之，共建"一带一路"倡议实施以来，在习近平主席的亲自指导和推动下，取得了丰硕的成果和积极的影响，为中国和世界的发展和繁荣提供了新的动力和机遇。在未来的实施过程中，应该坚持高质量共建"一带一路"倡议，以支持多边贸易体制和区域贸易安排驱动经济全球化发展，积极同沿线国家商建自由贸易区，使中国与沿线国家合作更加紧密、往来更加便利。同时，应该坚持开放包容、合作共赢的理念，加强与沿线国家的政策沟通、规则对接、利益协调，推动构建人类命运共同体。

---

① 郑雪平，林跃勤."一带一路"建设进展、挑战与推进高质量发展对策［EB/OL］.（2021-01-29）［2023-08-06］. https://www.gmw.cn/xueshu/2021/01/20/content_34556659.htm.

② 杨劲松. 中国旅游报，"一带一路"倡议朋友圈不断扩大　旅游交流合作走深走实［EB/OL］.（2023-09-14）［2023-11-13］. http://www.ctnews.com.cn/dwjl/content/2023-09/14/content_149392.html.

四、共建"一带一路"倡议的战略价值

共建"一带一路"倡议的实施取得了显著的进展和成效，为沿线各国的发展和繁荣提供了新的动力和机遇。本节将从以下四个方面分析共建"一带一路"倡议对中国和世界的战略价值。

（一） 全球经济增长的贡献

共建"一带一路"倡议通过推动基础设施建设、贸易投资便利化、产业链协同发展等方式，促进了沿线国家的经济增长，扩大了全球市场需求，深刻地影响了全球经济的发展，创造了广泛的共赢机遇。基础设施建设的推动使得商品、服务和资本可以更加便捷地流通，进而促进了全球贸易的繁荣。共建"一带一路"倡议通过加强经济合作，激发了沿线国家的内需和外部投资。由于沿线国家的差异性，一些国家拥有丰富的资源而另一些国家则有着先进的制造和技术水平。通过深化合作，各国能够充分发挥各自的优势，形成互利互惠的局面。这种经济共建有助于提高整个地区的生产力水平，共建"一带一路"倡议注重推动可持续发展，促使各国在经济增长中更加注重环境和社会可持续性。在能源、交通、环保等基础设施建设中，倡议鼓励采用绿色、可再生能源，提升资源利用效率，从而减缓了全球资源的枯竭速度。世界银行发布的《"一带一路"倡议经济学》报告指出，"一带一路"建设将使沿线国家和地区的实际收入增长 1.2% ~ 3.4%，全球实际收入增长 0.7% ~ 2.9%，从而促进实现共同繁荣。共建"一带一路"倡议相关投资可以帮助多达 3400 万人摆脱中度贫困，使 760 万人摆脱极端贫困[1]。报告预计，到 2030 年，共建"一带一路"倡议将使参与国贸易增长 2.8% 至 9.7%，全球贸易增长 1.7% 至 6.2%，全球收入增

---

[1] "一带一路"倡议是构建人类命运共同体的具体实践 [EB/OL]. (2021-11-21) [2023-11-13]. https://news.cctv.com/2021/11/21/ARTI4B263kwEdolkzzrnmSEX211121.shtml?ivk_sa=10%20%20%20%2024105d.

长 0.7%至 2.9%①。英国经济和商业研究中心的研究也表明，到 2040 年，共建"一带一路"倡议将使全球 GDP 每年增加 7 万亿美元以上，多达 56 个国家的 GDP 都将因共建"一带一路"倡议而每年增长逾 100 亿美元②。同时，共建"一带一路"倡议也为中国经济转型升级提供了新的空间和机遇，推动了中国与沿线国家的贸易投资合作，提高了中国企业的国际竞争力和影响力。

（二）推动全球治理的改革

对全球而言，共建"一带一路"倡议是应对全球性挑战和完善全球治理的重要方案（张幼文，2017）。共建"一带一路"倡议秉持共商共建共享的原则，坚持开放包容、合作共赢、平等互利、多边主义，促进了全球治理体系的多元化和民主化发展，形成了相对平等的合作伙伴关系，有助于建立更加包容性的全球治理机制，为完善全球治理体系提供了新的思路和方案。中国和沿线国家成为全球治理的积极主体（谢来辉，2019）。中国积极参与并推动了多边金融机构和合作平台的建立和运行，为沿线国家提供了更多的融资渠道和公共产品。同时，中国也积极履行国际责任。通过多领域的国际合作，推动全球治理的改革，各国形成更加紧密的利益共同体，促使国际社会更好地应对复杂多变的国际形势，在应对气候变化、防控新冠肺炎疫情、维护地区安全稳定等方面发挥了重要作用，为维护世界和平与发展贡献了中国智慧和中国方案，为全球治理提供了新的经验和路径。

（三）促进文明交流互鉴

共建"一带一路"倡议继承并弘扬了古代丝绸之路的精神内涵，以人

---

① 习近平总书记关于共建"一带一路"重要论述综述 [EB/OL]. (2023-10-16) [2023-11-13]. https://www.gov.cn/yaowen/liebiao/202310/content_ 6909316.htm.

② 赵磊."一带一路"是合作共赢、共同发展之路 [EB/OL]. (2021-10-01) [2023-11-13]. https://epaper.gmw.cn/gmrb/html/2021-10/01/nw.D110000gmrb_ 20211001_ 3-04.htm.

文交流为重点，推进教育、科技、文化、旅游、卫生等领域的合作，加强民间组织、智库、媒体等社会力量的交流，增进沿线各国人民的相互了解和友谊。中国与沿线国家签署了人文交流合作协议，开展了形式多样的民心相通项目，有效促进了文化交流。同时，共建 "一带一路" 倡议也有利于彰显中华文明的内涵和特色，展示出中国在人类文明进步中做出的贡献。

（四）促进可持续发展目标的实现

中国积极推动共建 "一带一路" 倡议绿色低碳发展合作机制的建立，与有关国家及国际组织签署生态环境保护合作文件，建立共建 "一带一路" 倡议绿色发展伙伴关系，建立能源合作伙伴关系、绿色发展国际联盟等平台，帮助沿线国家提高环境治理能力、增进民生福祉[①]。同时，中国也积极开展国际抗疫合作，向沿线国家提供医疗物资和技术支持，加强疫苗合作和卫生能力建设，为维护全球公共卫生安全做出了重要贡献。中国在共建 "一带一路" 倡议中强调了可持续发展的理念，通过多领域的合作促进了沿线国家在环境、卫生等方面的可持续发展，为全球可持续发展目标的实现付出了实际行动和提供了有力支持。

综上所述，共建 "一带一路" 倡议是中国为促进区域和平与协调发展的中国贡献（张建平，2021），对中国和世界均意义重大。在未来实施过程中，中国将与各方携手，共同迎接挑战，分享机遇，努力实现共同发展和共同繁荣的目标，这不仅是对中国自身发展的贡献，也是对世界和平与发展的贡献。

---

① 周进. 共建 "一带一路" 为世界做出重要贡献 [EB/OL].（2023-05-30）[2023-11-13]. http://www.ce.cn/xwzx/gnsz/gdxw/202305/30/t20230530_ 38566931.shtml.

第3章 共建"一带一路"倡议对全球贸易格局的影响

一、共建"一带一路"倡议对全球贸易规模和结构的影响

(一) 倡议对全球贸易规模的影响：增加贸易总量和份额

共建"一带一路"倡议的实施对全球贸易规模产生了显著影响，推动了贸易总量的不断增加。首先，基础设施建设和交通互联的推进，加速了沿线国家之间货物和服务的流通。新的基础设施建设，例如铁路、公路、港口等项目改善了物流运输通道，使得商品的运输更加高效和便捷，提升了物资流动速度，缩短了全球各国与地区之间的贸易距离，促进了全球贸易规模的增长。我国积极拓展市场，推动了与沿线国家的贸易伙伴关系，倡议中的投资合作也为贸易提供了更多机遇。这一系列举措都为全球贸易总量的增加奠定了坚实基础。

其次，倡议在促进进口方面也发挥了积极作用。我国在共建"一带一路"倡议下加大了与沿线国家的合作，不仅扩大了我国对外投资，还增加了从沿线国家的进口。这有助于满足我国国内市场对多样化商品的需求，同时也为沿线国家提供了更多出口机会，拉动了全球贸易的增长。

同时，我国作为共建"一带一路"倡议的主要发起国之一，通过积极推动倡议下的经济合作和投资项目，提高了全球贸易份额。倡议鼓励我国企业在沿线国家开展贸易和投资活动，扩大了我国商品和服务的国际市场份额。这种份额的提升不仅有利于我国经济增长，还为全球贸易提供了更多选择，推动了全球贸易结构的优化。

总之，共建"一带一路"倡议作为全球合作的重要框架，通过促进贸易合作和投资，不仅增加了全球贸易的总量，也为我国在全球贸易中的份额提升提供了契机。这对全球经济合作和发展具有积极的影响，全球贸易格局将会更加开放，追求互利共赢。

（二）倡议对全球贸易结构的影响：优化贸易产品和区域

共建"一带一路"倡议不仅在推动全球贸易规模上有所作为，同时也在塑造全球贸易结构方面发挥着显著的作用。倡议的实施引领了贸易结构的优化调整，从产品分工到区域合作，为全球经济合作带来新的动力和机遇。

首先，倡议鼓励贸易伙伴间的互利合作，倡导各国根据自身优势进行产业升级和创新，实现全球贸易结构的优化。加强了贸易产品的多样性。沿线国家之间在资源、技术、劳动力等方面的优势互补，促使贸易中涉及的商品和服务种类更加丰富。这样的多样性有助于全球贸易结构的平衡发展，降低了对某一类商品或市场的过度依赖，从而提高了全球贸易的稳定性。

其次，倡议对区域间的贸易分布和分工产生了积极影响。通过促进不同地区之间的贸易合作，倡议有助于实现地区内部资源的有效配置和产业的优化布局。例如，亚洲地区的制造业基地可以与能源资源丰富的中亚国家紧密合作，继而实现产业链的深度融合。这种区域一体化的趋势有助于提高全球贸易的效率和效益。

共建"一带一路"倡议的影响还在于促进了发展中国家融入全球贸易结构。倡议强调互利共赢，发展中国家可以凭借自身的优势资源在贸易合作中获得了更多机会。在倡议引领下，这些国家逐步从传统的原材料出口型经济向制造业和服务业的多元化发展，实现了对全球贸易结构的积极影响。倡议在区域内推动了跨国投资和技术合作，加速了发展中国家的产业升级和贸易结构优化，使其在全球贸易中扮演了更为重要的角色。

总之，共建"一带一路"倡议通过优化贸易产品和区域，为全球贸易结构的升级和演进提供了有力动力。这一趋势将进一步促进各国的经济合作与发展，推动全球贸易走向更加均衡、多元化和可持续的方向。

（三）倡议对全球贸易方式的影响：贸易便利化和多元化

倡议对全球贸易方式产生了积极影响，促进了贸易的便利化和多元化。

首先，倡议推动了贸易通关流程的优化和标准化，减少了贸易壁垒和不必要的行政手续。通过建立电子商务平台、推行单一窗口等措施，贸易流程更加高效，促进了全球贸易的顺畅开展。同时，推动数字化贸易和电子商务的发展，为全球贸易提供了更加便捷、高效的贸易途径。这些措施改善了国际贸易的环境，促进全球贸易的顺利进行。倡议强调的合作精神增强了各国或地区之间的合作意愿。通过共同建设、共同维护的方式，各国在贸易领域形成了更紧密的合作伙伴关系。这种信任和合作意愿有助于降低贸易摩擦的风险，保护了全球贸易的稳定性和可持续性。

其次，倡议鼓励多元化的贸易方式，推动了贸易伙伴关系的多样性。通过建立更加广泛的经济合作伙伴关系，倡议促进了不同国家之间的贸易多样性。各国在资源、技术、产业等方面的优势得以更好地结合，实现了更加全面的贸易合作。此外，倡议还鼓励跨国企业的合作与发展，促使企业采取多样化的贸易模式，推动贸易的广度和深度扩展。

总体而言，共建"一带一路"倡议对全球贸易方式的影响体现在促进贸易便利化、推动贸易多元化以及加强贸易政策协调等方面。这一趋势有助于优化全球贸易格局,推动贸易活动更加顺畅、多元和可持续地进行。

二、共建"一带一路"倡议对全球贸易体系和秩序的影响

(一)倡议对全球贸易体系的影响:推动区域经济一体化和多边合作

共建"一带一路"倡议作为全球贸易格局的重要推动力,在推动区域经济一体化和多边合作方面发挥着深远的作用。这一影响不仅体现在经济层面,更是在全球贸易体系的合作和协调上产生了积极变革。

首先,倡议的推动促进了区域内国家间经济一体化的进程。通过基础设施建设和完善、推动跨国合作,加强了各个国家和地区之间的联系。区域经济一体化不仅能够加快商品和服务在跨国之间的流通,还促进了各国或地区之间的资源、产业和市场的有效配置。随着区域内各国经济的紧密融合,区域内部的合作与协调得以加强,从而推动了更高水平的经济一体化。

其次,倡议推动了区域内多边合作的加强。倡议的背后是各国间的协调合作,通过建立多边平台和机制,倡议促进了国际间的互利合作。不仅如此,倡议也推动了区域内国家间政策的协调,促进了政策环境的稳定和可预期性。通过这种多边合作,有助于各国共同应对全球化贸易的挑战,克服困难,共同推动经济发展,为全球贸易稳定增长奠定基础。

此外,倡议强调合作共赢的理念,能够促进区域内各国间的合作与共赢。通过各项互利合作项目的开展,区域内各国具有更多的合作机会,创造共赢局面。这种合作与共赢不仅有助于实现各国经济的共同繁荣,还促进全球贸易体系的稳定。倡议所倡导的区域内国家间务实合作,为全球贸易体系树立了合作共赢的典范,推动了国际间的互信和友好关系。

总之,共建"一带一路"倡议在推动区域经济一体化和多边合作方面

产生了深远影响。这种推动不仅加强了区域内国家间的联系，还加强了各国间合作意识，促进合作共赢项目的落地，有助于区域各国稳定和国际贸易的稳定发展。

（二）倡议对全球贸易秩序的影响：维护自由开放和公平正义

共建"一带一路"倡议作为一个以合作共赢为核心理念的全球倡议，不仅对经济合作产生深远影响，还在维护全球贸易秩序方面发挥着重要作用。其对全球贸易秩序的维护体现在促进自由开放和公平正义等多个方面。

首先，倡议有助于形成自由开放的全球贸易秩序。倡议倡导各国间的互利合作和共同发展，强调坚持自由贸易原则。倡议有助于打破贸易壁垒、降低贸易限制，从而推动各国贸易自由化。倡议倡导的自由开放的理念不仅有利于促进全球贸易的顺利进行，也让各国获得自主贸易的机会，使得全球贸易秩序更加开放、包容。

其次，倡议强调公平正义的全球贸易秩序。倡议以共赢为目标，鼓励各国以平等的态度进行合作，确保贸易的公平性。通过积极参与国际贸易规则的制定和改革，倡议促进了全球贸易规则的公平性和透明度。同时，倡议中合作项目的实施也鼓励各国在资源、技术等方面的合作，实现资源的公平分配，推动贸易伙伴关系的均衡发展。

此外，倡议倡导的合作共赢也有助于维护全球贸易秩序的稳定性。通过促进各国间的政策协调和经济合作，倡议降低了贸易摩擦和争端产生的可能性。同时，倡议推动的基础设施建设、经济合作项目、互利共赢理念，促进了全球贸易的发展，形成了稳定和可持续发展的全球贸易体系。

总之，共建"一带一路"倡议对全球贸易秩序产生了积极的影响，主要表现在维护自由开放、公平正义和互利共赢的原则。倡议的推动和实施不仅有助于促进全球贸易的自由化，也有助于各国形成平等的贸易合作伙伴关系，还有助于促进互惠互利的各项贸易，进而促进全球经济的稳定发展，有助于形成健康稳定的全球贸易秩序。

（三）倡议对全球贸易规则的影响：参与国际标准制定和改革

共建"一带一路"倡议作为推动全球合作的重要框架，不仅对贸易规模、结构和方式产生深刻影响，还在全球贸易规则的制定和改革方面发挥着积极作用，影响了全球贸易规则体系。我国积极参与了多个国际组织和机构，通过积极参与国际标准的制定和改革，倡导建立更加开放、包容和平等的贸易规则。同时，我国在倡议的框架下加强了与沿线国家的协调合作，形成了一系列双边和多边贸易协定，促进了全球贸易规则的创新与完善。

首先，倡议倡导各国在国际标准制定过程中进行友好合作与协商，提高了全球贸易规则的协调性和接受程度。随着倡议的推进，沿线各国间的合作不再局限于贸易领域，还延伸至国际规则制定和标准制定等领域。各国参与标准制定并且执行标准，有助于逐步减少产品质量、安全标准等方面的差异，促进了贸易的顺利进行。倡议也有助于协调不同国家间的标准体系，促进全球贸易规则的顺利制定和实施。

其次，倡议倡导创新和技术合作，在国际标准改革中发挥了重要作用。随着倡议下项目合作的不断深化，各国在技术研发和创新方面的合作逐渐增加。这种技术合作有助于推动现有标准的更新和完善，使其更好地适应新兴产业和技术发展。倡议鼓励各国通过共同研发和技术转移，推动了全球贸易规则的创新和升级。

此外，倡议也有助于推动全球贸易规则的包容性和可持续性。倡议强调互利共赢，鼓励各国平等参与贸易合作，有助于推动全球贸易规则的公平性。各国公平地参与国际标准的制定和改革，有助于发展中国家参与全球贸易体系的制定和改革，使其在全球贸易中享有更多权益和机会。倡议也提出在制定标准和贸易规则时，考虑环境、社会和可持续发展等因素，促进全球贸易规则更加符合可持续发展的要求。

总之，共建"一带一路"倡议对全球贸易规则的影响体现在参与国际标准制定和改革方面。倡议的推动有助于促进全球贸易规则的协调与创新,推动贸易规则更好地适应新环境下的经济和技术发展趋势。这不仅有利于促进全球贸易体系的健康发展,还使得国际贸易规则沿着可持续方向发展。

三、共建"一带一路"倡议对全球贸易发展趋势的影响

(一)倡议对全球贸易发展趋势的影响:引领高质量发展和创新驱动

共建"一带一路"倡议不仅在推动全球贸易规模、结构和方式方面产生深远影响,同时也在塑造全球贸易发展趋势上发挥着重要作用。倡议的实施有助于引领全球贸易发展走向高质量发展和创新驱动。通过促进科技创新、产业升级和贸易结构调整,倡议推动了贸易方式的升级。沿线国家在贸易领域的合作逐渐从传统的商品贸易转向高附加值的服务贸易和知识产权贸易。这有助于提高全球贸易的附加值,推动了贸易向更高层次的迈进。

首先,倡议倡导高质量发展,推动了全球贸易向更高水平的发展迈进。倡议强调贸易合作的全面性和深度,鼓励各国在经济合作中追求更高水平的质量和效益。通过合作伙伴关系的建立,倡议推动了产业升级和技术创新,使得全球贸易向高附加值、高质量的方向发展。这种高质量发展的趋势不仅有助于提升全球贸易的竞争力,也促进了全球经济向更高方向发展。

其次,倡议鼓励创新,有助于提升全球贸易创新水平。随着倡议的推进,沿线各国在技术研发、数字经济等领域的合作不断加深。这种创新合作不仅促进了贸易方式的创新,也为全球贸易的发展注入了新的动力。倡议推动了数字化贸易、电子商务等新兴贸易方式的发展,使得全球贸易更

加智能化、高效化。通过创新驱动，倡议引领了全球贸易的新发展趋势，推动贸易方式的更新和升级。

此外，倡议还有助于推动全球贸易的可持续发展水平。倡议强调绿色、环保等可持续发展理念，鼓励各国在贸易活动中注重生态环保和社会责任。通过倡导绿色贸易、可持续发展项目等，倡议推动了全球贸易的可持续性，使得贸易与可持续发展目标相互促进。这种可持续发展的趋势不仅有助于维护全球生态平衡，也为全球贸易的长期健康发展提供了重要支持。

总之，共建"一带一路"倡议对全球贸易发展趋势的影响体现在引领高质量发展和创新驱动方面。倡议有助于推动全球贸易向更高水平、更智能化、更可持续的方向发展。

（二）倡议对全球贸易发展前景的影响：提供新机遇和新动力

共建"一带一路"倡议作为推动全球合作的重要框架，为全球贸易的未来发展提供了新的机遇和动力。倡议不仅在推动全球贸易规模扩大、结构优化和方式创新上产生影响，更为全球贸易的未来发展提供了更加广阔的前景。

首先，倡议扩大了国际贸易的地理范围，参与的国家越来越多，获得了新的市场和机会。通过共建基础设施、推动区域互联互通，倡议打通了贸易通道，促进了沿线国家的贸易合作。贸易地理范围扩展的同时有助于各国拓展新的贸易伙伴关系，使得更多国家能够参与到全球贸易网络中，共享全球贸易的红利。

其次，倡议促进了全球产业链和供应链的重构，为贸易发展提供了新的动力。倡议推动各国在产业链上的合作与协调，鼓励资源、技术等要素的跨国流动。这种合作有助于优化全球产业布局，提升产业链的价值链水平。倡议的推动也为供应链的稳定性和弹性提供了新的保障，使得全球贸易能够更好地应对外部风险和挑战。

此外，倡议鼓励跨境投资和创新合作，为全球贸易发展带来新的动力。

倡议推动各国加强投资合作，促进跨国企业的发展与合作。这种投资合作不仅有助于推动产业升级，还为贸易发展提供了新的动力源泉。同时，倡议强调创新合作，推动技术、科研等领域的合作与交流。这种创新合作有助于推动贸易的创新发展，为全球贸易发展提供新的动力和竞争优势。

总之，共建"一带一路"倡议对全球贸易发展前景的影响体现在提供新机遇和新动力方面。倡议的推动为贸易参与国创造了更多市场和合作机会，为全球贸易注入了新的活力。倡议在地理扩展、产业链重构、跨境投资和创新合作等方面的影响，为全球贸易的未来发展提供了更加广阔的前景。

（三）倡议对全球贸易发展挑战的影响：应对新风险和新问题

随着共建"一带一路"倡议的不断推进，虽然带来了许多积极影响，但同时也为全球贸易发展带来了新的挑战和风险。这些新的挑战和问题需要各国共同努力，以确保全球贸易的健康发展。

首先，倡议的推动可能引发地区间竞争和合作关系的复杂性。由于沿线国家各具有不同的发展水平和利益诉求，合作中可能出现利益分歧和地缘政治复杂性。这可能导致一些地区产生竞争性合作关系，甚至可能引发地区冲突。因此，各国需要加强合作与协商，通过平等对话解决分歧，促进合作关系的稳定发展。

其次，倡议的推动也可能带来不平衡的发展局面。由于沿线国家发展水平和经济结构差异较大，倡议可能导致一些国家在贸易合作中获益较大，而另一些国家则面临挑战。这可能加剧地区内部的不平衡发展，甚至有些国家可能会遇到发展的困境。为了防止这种不平衡发展带来的挑战，地区内各国应加强沟通合作和互惠互利，推动资源、技术等要素的平衡与合理流动，形成更加包容的国际贸易关系。

此外，倡议的推动也可能加剧环境和可持续发展问题。随着项目的建设和合作的深化，可能产生环境污染、资源浪费等问题。同时，一些基础设施建设可能会对当地生态环境产生影响，引发环境保护问题。为应对这一挑战，各国可以加强环境合作，制定严格的环保标准，推动绿色发展和可持续发展理念在合作中的应用。

　　总之，共建"一带一路"倡议给全球贸易发展带来了新的挑战和风险，需要各国共同努力应对。通过加强合作与协商，解决地缘政治问题，促进合作关系的稳定发展；通过推动平衡发展，减少不平衡问题；通过强化环境合作，保护生态环境，各国可以共同应对这些挑战，确保共建"一带一路"倡议为全球贸易的可持续发展做出积极贡献。

第二篇

实证篇

第4章 共建"一带一路"倡议对我国物流产业影响分析

　　共建"一带一路"倡议是新时代新背景伟大战略构想，不仅仅是经济上的合作，更是在全球治理、文化传播、社会责任等多个层面推动国际社会构建更加紧密的合作伙伴关系，为构建一个和谐、繁荣的全球社会提供了全新的思路和实践路径。物流是全球经济和贸易的命脉，是全球供应链配置的关键环节，是共建"一带一路"倡议顺利发展的重要支撑。共建"一带一路"倡议开启中国对外经济发展新时代，拓宽了我国物流业的国际市场。"五通发展"思想为我国物流业持续发展提供了设施保障、资金保障和制度保障。共建"一带一路"倡议是否对我国物流产业发展产生显著作用？如果产生显著影响，具体的影响机制是什么？考虑到我国各省经济水平不同，倡议对物流业发展是否存在地区异质性？基于以上问题，选取2005—2021年我国共建"一带一路"沿线省份和非沿线省份数据，构建双重差分模型，系统分析共建"一带一路"倡议对我国物流产业的影响，探究各区域物流发展的异质性，了解物流政策的不足，对于制定有效的物流政策具有一定的参考意义。

一、模型建立

(一) 共建"一带一路"倡议影响的效应评估模型

对于政策影响效果的研究，常采用的方法之一是双重差分法（Differences-in-Difference，DID）。这种方法将新政策的提出和实施作为一次自然实验，将全部的样本数据分为两组，受到政策干预影响的是实验组，没有受到政策干预影响的则为对照组。DID 通过比较政策实施前后对照组和实验组之间的差异，构造出反映政策效果的双重差分统计量，再通过实证分析差分统计量的变化来评价政策实施效果。为了研究共建"一带一路"倡议对我国物流业的影响，将共建"一带一路"沿线省份和非共建"一带一路"沿线省份的物流指标进行分组比较，有效识别政策效应。

2015 年提出的《推动共建丝绸之路经济带和 21 世纪海上丝绸之路的愿景与行动》详细阐述了共建"一带一路"倡议的框架思路和合作机制。中国将充分发挥国内各地区的比较优势，形成各省份相互合作优势、互补格局，提升中国开放水平。"一带一路"沿线省份中，沿海地区省份包括福建、浙江、海南、上海和广东；西南地区省份包括云南、西藏、广西；东北地区省份包括内蒙古、黑龙江、吉林、辽宁；西北地区省份包括新疆、陕西、甘肃、宁夏、青海；内陆地区包括重庆。其中陆上丝绸之路省份 12 个，海上丝绸之路省份 6 个。将上述 18 个省份作为实验组，剩余省份作为对照组。双重差分模型设定如下：

$$Y_{it} = \alpha_0 + \alpha_1\, treat_i + \alpha_2\, period_t + \alpha_3\, treat_i \cdot period_t + \sum \sigma_j\, Control_{jit} + \varepsilon_{it}$$

$$(4-1)$$

其中，Y_{it} 为被解释变量；$treat_i$ 是实验组虚拟变量，表示是否为"一带一路"沿线省份，如果是则取值为 1，否则取值为 0；$period_t$ 表示时间虚拟变量，共建"一带一路"倡议提出年份为 2013 年底，故将 2014 年及其之后的年份取值为 1，之前年份取值为 0；$treat_i \cdot period_t$ 是实验组虚拟变量和时间变量的交互项；$Control_{jit}$ 表示控制变量；ε_{it} 表示随机误差项。

（二）共建"一带一路"倡议中介效应检验模型

检验物流业发展的中介效应，一般使用如下中介效应检验模型：

$$ME_{it} = \beta_0 + \beta_1\, treat_i \cdot period_t + \beta_2\, treat_i + \beta_3\, period_t + \sum \sigma_j\, Control_{jit} + \varepsilon_{it}$$

$$(4-2)$$

$$Y_{it} = \theta_0 + \theta_1 treat_i + \theta_2 period_t + \theta_3 treat_i \cdot period_t + \mu_1 ME_{it} + \sum \sigma_j Control_{jit} + \varepsilon_{it}$$

$$(4-3)$$

其中，ME_{it} 表示中介变量。模型（4-2）中，β_1 为共建"一带一路"倡议对中介变量的影响水平。模型（4-3）中的 μ_1 为中介变量对因变量的直接影响效应。如果系数 β_1 和 μ_1 显著并且为正，说明中介变量对因变量具有明显的促进作用。如果 β_1 和 μ_1 显著为负，说明中介变量对因变量具有明显的抑制作用。

二、变量说明与数据来源

（一）被解释变量

被解释变量是能够反映物流业发展的指标，一般物流发展指标有投入指标和产出指标。投入指标主要反映资本投入和人力投入，包括固定资本投入指标、运输总里程、物流业就业人员数量、物流业就业人员工资水平等；产出指标包括物流业增加值、货运总量、货物周转量等。本研究中将货物周转量（FM）作为被解释变量。货物周转量是指在一定时期内，由各种运输工具运送的货物数量与其相应运输距离的乘积之总和，该指标可以反映运输业生产的总成果。为了减少可能的异常观测值影响，保证数据正态性，削弱数据的偏态性和异方差性，将因变量数据取对数处理。

（二）中介变量

进出口总额（IAE）。选取"一带一路"沿线省份的进出口总额作为中介变量。进出口可增加物流业的需求，能够为物流业发展提供良好助力。

（三）控制变量

（1）城镇化水平（UR），是指一个地区城镇化所达到的程度，使用各省城镇化人口占总人口比重衡量。

（2）科技创新水平（INV），使用国内发明专利申请受理数量表示。

（3）人力资本（HR）。以各省总体受教育水平表示地区劳动力质量，计算公式为：人力资本=小学人口比例×6+中学人口比例×9+高中比例×12+中专比例×12+大专及大专以上比例×16。

（4）工业化水平（GDP2）。通过第二产业增加值占国内生产总值比重来衡量。

（5）固定资产投入水平（INF）。通过物流业固定资产投入占全社会固定资产投入比重来衡量。各变量名称与含义如表4-1所示。

表4-1　变量名称与含义

变量种类	符号	变量名称	含义
被解释变量	FM	货物周转量	货物数量与运输距离乘积之和
中介变量	IAE	进出口总额	进口与出口总额
控制变量	UR	城镇化水平	城镇化人口占总人口比重
	INV	科技创新水平	国内发明专利申请受理数量
	HR	人力资本	总体受教育水平
	GDP2	工业化水平	第二产业增加值占国内生产总值比重
	INF	固定资产投入水平	物流业固定资产投入占全社会固定资产投入比重

（四）数据来源

根据数据可得性和科学性，选取时间跨度为2005—2021年中国31个省（自治区、直辖市）数据，由于中国香港、中国澳门、中国台湾地区数据缺失，不在研究范围。数据形式为面板数据，数据主要来自《中国统计年鉴》以及各省统计年鉴。

三、实证结果

（一）基准回归结果分析

运用Stata 14软件进行数据分析，共建"一带一路"倡议对我国物流产业影响的估计结果如表 4-2 所示。其中回归结果（1）和结果（2）分别是未加控制变量和加入控制变量的估计结果。对比估计结果（1）和（2），交互项的系数分别为 0.194 和 0.279，都在显著性水平 1% 上显著，这说明共建"一带一路"倡议对物流业发展具有促进作用，这种作用在加入控制变量后还有所增强。从控制变量的估计结果来看，各省的城镇化水平在 1% 上显著为正，说明城镇化水平对物流业产生了较为正向的影响。科技创新水平在 1% 上显著为正，说明科技创新水平促进物流业发展。工业化水平在 1% 上显著，且系数为正，说明第二产业增加值比重上升，对物流需求增加，促进运输货物量增长，从而促进货物周转量增长。人力资本在 1% 水平上显著，且系数为正，说明受教育年限增加，培养的专业人才促进物流业发展。物流业固定资产投入与货物周转量呈负相关关系，且在 1% 显著性水平上通过检验，可能的原因是物流固定资产投入增加，缩短了货物周转的运输距离，从而降低货物周转量水平。

表 4-2　基准回归结果

变量	(1) lnFM	(2) lnFM
treat_ period	0.194 *** (0.0696)	0.279 *** (0.0543)
treat	−0.667 (0.406)	−0.428 * (0.260)
period	0.402 *** (0.0530)	−0.175 * (0.0612)
UR		4.505 *** (0.566)
INV		2.96e−06 *** (8.69e−07)
GDP2		3.876 *** (0.391)
HR		0.130 *** (0.0412)

续表

变量	(1) lnFM	(2) lnFM
INF		-1.769^{***} (0.6221)
Constant	8.038^{***} (0.309)	2.927^{***} (0.398)
Observations	527	527
R^2	0.1027	0.5826

注: *** , ** , * 分别表示 $p<0.01$, $p<0.05$, $p<0.1$, 下同。

(二) 平行趋势检验

在基准回归模型中, 识别了共建"一带一路"倡议对中国物流业影响效应, 还需要进行双重差分模型的平行趋势检验来证明结果的有效性, 图4-1显示了双重差分模型的平行趋势检验结果。2014 年之前回归系数在 0 附

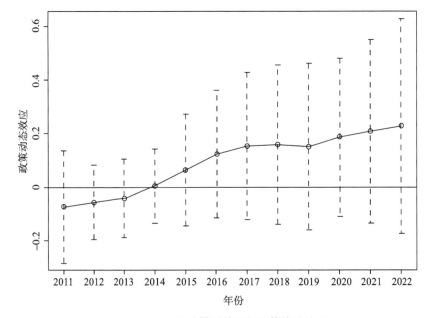

图 4-1 双重差分模型的平行趋势检验结果

近，2014 年之后回归系数值逐渐增大，表明 2014 年之前实验组和控制组有相同的变化趋势，2014 年之后两组变化差异逐步增大，通过平行趋势检验。

（三）安慰剂检验

为了检验基准回归结果是否受到其他因素或随机变量的影响，通过安慰剂检验判断物流业发展是否与共建"一带一路"倡议政策有关。"一带一路"沿线省份研究对象为 18 个省份，进一步在 31 个省份中随机抽取相同数量的样本作为新的虚拟实验组，其余省份则作为新的对照组，根据虚假实验得到的回归结果判断结论的可靠性。为了增强安慰剂检验效力，进行 500 次抽样及回归（卢盛峰等，2021），以此来验证中国物流业是否显著受到共建"一带一路"倡议以外的其他因素的影响。安慰剂检验结果如图 4-2 所示，随机实验的 T 值在 0 附近，说明在随机实验中共建"一带一路"倡议政策没有对中国物流业发展产生显著的效力，即在观察期间中国物流业发展不是由其他不可观测因素推动的，这有力证实了基准回归结果的合理性。

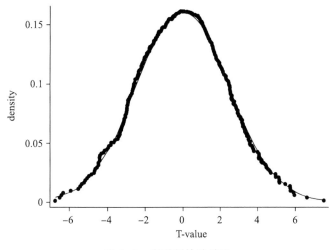

图 4-2　安慰剂检验结果

四、中介效应分析

基准回归结果表明共建"一带一路"倡议对物流业具有促进作用，为了研究倡议对物流业发展的中介作用，验证了进出口水平的中介效果是否存在，建立进出口中介效应模型，回归结果如表4-3所示。

模型（3）是共建"一带一路"倡议对进出口总额的回归结果，双重交互项系数在1%水平上显著，得到关键系数β_1的值为39.87，表明共建"一带一路"倡议对进出口总额具有明显促进作用。模型（4）得到进出口总额对货物周转量的回归结果，交互项和进出口总额回归结果都是在1%水平上显著，关键系数μ_1的符号与β_1符号一致，说明进出口总额作为中介变量具有显著的作用，共建"一带一路"倡议促进我国进出口发展，进出口发展又促进物流业发展，即进出口总额是共建"一带一路"倡议促进物流业发展的重要因素。

表4-3　中介效应检验结果

变量	(3) IAE	(4) lnFM
treat_ period	39.87 *** (9.831)	0.240 *** (0.0616)
IAE		0.00104 *** (0.000329)
treat	17.53 (33.63)	-0.449 * (0.244)
period	-52.40 *** (9.915)	-0.127 ** (0.0638)
UR	169.3 * (100.1)	4.429 *** (0.648)
GDP2	-108.6 (73.05)	3.992 *** (0.456)

变量	(3) IAE	(4) lnFM
HR	4.652 (7.044)	0.121 *** (0.0442)
INV	0.00180 *** (0.000141)	2.50e−06 ** (1.04e−06)
INF	−231.5 ** (99.88)	−1.524 ** (0.619)
Constant	10.18 (61.90)	2.908 *** (0.395)
Observations	527	527
R^2	0.5901	0.5778

五、异质性分析

(一) 经济发展状况异质性

从前文分析可知共建"一带一路"倡议对物流业发展具有促进作用，但对经济状况不同的省份的作用效果必然有所差异。需从经济发展现状角度进一步研究。根据 2005—2021 年各省 GDP 总额，排名位于前九位的省份作为经济发展水平高的组别，位于后九位的省份作为经济发展水平低的组别①。引入虚拟变量 high（代表经济发展水平高）和 low（代表经济发展水平低）。若共建"一带一路"倡议沿线省份经济发展水平高，则 high 取值为 1，否则取值为 0，若共建"一带一路"倡议沿线省份经济发展水平低，则 low 取值为 1，否则取值为 0。分别创建双重交互项 high−period 和

---

① 共建"一带一路"倡议沿线省份，经济发展水平高组别省份排序为：广东省、浙江省、上海市、福建省、辽宁省、重庆市、广西壮族自治区、云南省、陕西省；经济发展水平低组别省份排序为：内蒙古自治区、黑龙江省、吉林省、新疆维吾尔自治区、甘肃省、海南省、宁夏回族自治区、青海省、西藏自治区。

low-period，并将其纳入基准回归模型，两组估计结果如表 4-4 所示。

表 4-4　根据经济发展状况分组的异质性分析结果

变量	（5） 经济发展水平高 lnFM	（6） 经济发展水平低 lnFM
high_ period	0.252 *** （0.0647）	
low_ period		0.0522 （0.0620）
period	-0.0546 （0.0522）	0.00725 （0.0509）
high	0.206 （0.247）	
low		-0.741 *** （0.263）
UR	4.067 *** （0.651）	3.705 *** （0.654）
INV	2.94e-06 *** （8.63e-07）	3.37e-06 *** （9.25e-07）
GDP2	3.924 *** （0.464）	3.799 *** （0.473）
HR	0.171 *** （0.0442）	0.182 *** （0.0448）
INF	-1.432 ** （0.624）	-1.355 ** （0.629）
Constant	2.433 *** （0.369）	2.833 *** （0.391）
Observations	376	376
R^2	0.5867	0.6539

　　模型（5）和（6）分别是经济发展水平高和经济发展水平低分组估计结果，根据表中结果，经济发展水平高组别的双重交互项系数为正，在 1%显著水平通过检验，说明共建"一带一路"倡议对于经济发展水平高省份的物流业发展具有显著的影响。经济发展水平低省份的双重交互项并

不显著，说明共建"一带一路"倡议对经济发展水平低省份物流业发展的作用并不明显。对两组各变量进行均值差异检验，结果如表 4-5 所示，经济发展水平高省份各变量均值高于经济发展水平低省份，均值差异检验结果都在 1% 水平上显著，说明经济发展水平高省份资源丰富，城镇化水平更高，技术创新能力更强，更能吸引专业人才，工业化水平更高，进出口总额更高。当经济结构发生调整和优化时，物流业充分享受了倡议带来的发展红利，因此共建"一带一路"倡议对经济发展水平高省份的政策效果更强。

表 4-5 "一带一路"沿线省份经济发展水平高和经济发展水平低组别

各变量均值差异检验结果

	UR	INV	GDP2	HR	IAE
经济发展水平高	0.6009	29502.35	0.4364	9.6735	221.4207
经济发展水平低	0.4946	2646.167	0.3804	8.9382	10.64596
均值差异检验	-0.106 ***	-2.3e+04 ***	-0.060 ***	-0.844 ***	-187.79 ***

（二）海陆丝绸之路异质性

共建"一带一路"倡议主要由两条线组成，"丝绸之路经济带"和"21 世纪海上丝绸之路"。前者主要是陆上丝绸之路，沿线省份主要分布在中西部地区。后者为海上丝绸之路，沿线省份主要分布于东南部地区。二者差异较大，可能会使共建"一带一路"倡议对物流业影响效应变得不同。因此需从海上丝绸之路和陆上丝绸之路进一步考察①，引入虚拟变量 sea 和 land。若属于海上丝绸之路沿线省份，则 sea 取值为 1，否则取值为 0；若为陆上丝绸之路沿线省份，则 land 取值为 1，否则取值为 0。分别创建双重交互项 sea-time 和 land-time，并将其纳入基准回归模型，两组估计结果如表 4-6 所示。

---

① 海上丝绸之路沿线省份为：浙江、广东、福建、上海、广西、海南 6 省份，剩余省份为陆上丝绸之路沿线省份。

表4-6 共建"一带一路"倡议对海上丝绸之路和陆上丝绸之路沿线省份
物流业发展作用的异质性分析结果

变量	(7) 海上丝绸之路 lnFM	(8) 陆上丝绸之路 lnFM
sea_ time	0. 179 ** (0. 0714)	
land_ time		0. 113 * (0. 0676)
period	0. 00107 (0. 0502)	−0. 0263 (0. 0565)
sea	0. 223 (0. 282)	
land		−0. 578 ** (0. 245)
UR	3. 917 *** (0. 659)	3. 768 *** (0. 655)
INV	2. 91e−06 *** (8. 85e−07)	3. 85e−06 *** (9. 59e−07)
GDP2	4. 058 *** (0. 470)	3. 902 *** (0. 469)
HR	0. 178 *** (0. 0448)	0. 173 *** (0. 0449)
INF	−1. 287 ** (0. 638)	−1. 613 ** (0. 647)
Constant	2. 388 *** (0. 373)	2. 872 *** (0. 398)
Observations	376	376
R^2	0. 5898	0. 6326

模型 (7) 和 (8) 分别是海上丝绸之路和陆上丝绸之路组别回归结果, 从表中结果看出, 海上丝绸之路和陆上丝绸之路的双重交互项在回归中显著, 系数分别为 0. 179 和 0. 113, 说明共建"一带一路"倡议对海上

丝绸之路和陆上丝绸之路沿线省份物流业发展具有显著的促进作用,但对于海上丝绸之路沿线省份物流业发展的促进效果更明显。可能原因:海上丝绸之路沿线主要是沿海省份,经济较为发达,陆上丝绸之路沿线多为内陆省份,经济发展水平较低,因此海上丝绸之路沿线省份物流业能获得更好发展。

综上所述,基于 2005—2021 年共建"一带一路"倡议沿线省份和非沿线省份的面板数据,构建双重差分模型实证研究得到共建"一带一路"倡议对中国物流业的影响。通过构建中介效应模型研究进出口总额对物流业发展的中介效应,通过异质性检验,发现经济发展水平和海陆丝绸之路在共建"一带一路"倡议对中国物流业发展影响中表现出明显的差异。研究发现共建"一带一路"倡议对中国物流业有较为显著的推动作用。共建"一带一路"倡议可通过提高进出口途径促进中国物流业发展。共建"一带一路"沿线各省份经济发展状况不同可导致倡议对各省份物流业影响出现差异,倡议对经济发展水平较高省份的物流业发展促进效应较为明显,但对经济发展水平低省份物流业发展促进效应并不明显。同时,与陆上丝绸之路相比,倡议对海上丝绸之路沿线各省份物流业发展的促进效应更为显著。

六、对策建议

根据上述实证回归分析结果,为了进一步推进共建"一带一路"倡议对物流业的促进作用,提出以下建议。

第一,充分发挥进出口媒介作用,扩大对外开放水平。在共建"一带一路"倡议下,加强中国与沿线国家战略合作,实现互联互通,促进中国进出口增长,增加对物流业需求,继续加快推进中国对外贸易发展,坚定不移实行"走出去",促进中国对外贸易高质量、可持续发展,继续完善"五通"建设,为中国进出口贸易发展提供良好国际环境。

第二,完善共建"一带一路"倡议配套软环境与硬环境,提高建设水平。共建"一带一路"倡议软环境和硬环境是综合竞争力的反映，具有基础作用强、影响范围广阔且深远等特点，一直备受关注。软环境上，应加强和完善物流行业标准与规则制度，完善法律法规，更好地规划物流行业并保障时效；加强物流人才培育制度，规范物流业用工制度，提高从业人员福利待遇；优化营商环境、有效开展招商引资，促进交流合作，完善金融政策措施。硬环境上，应加大物流基础设施建设，加强城市建设，提高区域城镇化水平。

第三，发挥各地域区位优势，协调各地方功能与定位，加深合作，互帮互助。借助共建"一带一路"倡议，发挥政府在合作中的协调作用，利用地域差异和区位优势，把握各区域特色和定位，加深战略合作，互利共赢，推动地区间资源配置，促进沿线各省份协调发展。例如西南地区是面向南亚、东南亚的辐射中心；内蒙古和东北地区是向北开放的重要窗口；西北地区是中亚、西亚的重要通道；东南沿海地区是海上贸易基地，可加强港口和国际枢纽机场建设，提升陆上和海上物流竞争力和影响力。

第四，推动共建"一带一路"倡议科技创新平台建设；将科技创新作为促进共建"一带一路"倡议实施和发展的重要战略，建设一批科技创新实验室、研究中心等各类创新机构，保障科研支出，提升技术专利数量，促进科技创新成果转化，推动智能物流和数字物流，发展高质量物流。

综上所述，物流是中国与"一带一路"沿线国家保持贸易畅通的关键环节。为了探讨倡议对我国物流产业发展的影响，采用双重差分模型探讨共建"一带一路"倡议对中国物流业发展的作用机理，在此基础上，从经济发展水平、陆上和海上丝绸之路方面，分析倡议对各省份物流业发展异质性影响。研究发现倡议显著促进了我国物流业发展；倡议可通过提高进出口总额促使物流业货物周转量增长。异质性研究表明，相比于经济发展水平低的省份和陆上丝绸之路沿线省份，倡议对经济发展水平高的省份和海上丝绸之路沿线省份的物流业发展具有显著正向影响。

第 5 章　共建"一带一路"倡议沿线省份物流绩效评价分析

　　共建"一带一路"倡议对我国统筹海陆开放、协调东西开放，深化与丝绸之路沿线国家经贸、人文、科技、生态等多个领域合作交流有着显著推进作用，对沿线各国实现互利共赢、共同发展同样起着举足轻重的作用。而物流业是共建"一带一路"倡议发展的重点之一。物流对地区的经济发展影响极大，为了提高物流绩效水平，国家和政府层面需要营造良好环境（姜旭等，2020），国家可以通过提高物流绩效来改善整个社会物流运行效率，发挥物流对国民经济的重要作用（王超，2017）。"一带一路"建设对沿线省份物流绩效有何影响？有哪些影响因素？如何提升沿线省份的物流绩效？这些问题受到了关注，许多学者开展了相关研究。第 1 章文献综述中提及，现有共建"一带一路"倡议背景下物流绩效评价体系研究中较少考虑对不同年度物流绩效的动态评价，缺乏对共建"一带一路"倡议提出前后各省份的物流业发展的动态对比分析；研究数据的时效性差，使用 5 年研究数据较少。因此，本章建立较全面的物流投入产出绩效评价体系，以"一带一路"沿线 18 个省份作为研究对象，对其物流绩效进行动态评价，分析共建"一带一路"倡议对沿线省份物流绩效的影响因素和作用机制。对比了共建"一带一路"倡议提出前后各省份的物流绩效变化，探讨倡议对沿线省份物流业发展的作用，并对沿线省份的物流绩效进行分类，更细致地分析沿线省份物流绩效的地域差异性。研究结果对共建"一带一路"

倡议沿线各省份的物流优化和协调具有一定的参考意义。

一、物流绩效评价指标体系建立

在选取物流指标时应考虑综合性，确保指标体系能够全面反映物流系统的各个层面，避免偏颇。考虑动态性和创新性，反映物流绩效的变化和趋势。同时选取的指标应是可量化的，能够通过数据进行度量和比较。这样才能为实际的评价提供有力的支持，同时也方便进行不同地区、时间段的比较和分析。综合借鉴相关文献研究成果（刘满芝，2009；Marti，2017；刘妤，2018；马莉，2020；冯宁，2022；赖靓荣，2022；Jiang et al.，2023），将共建"一带一路"倡议物流绩效评价指标体系分为产出指标和投入指标，如表5-1所示。

产出指标反映了物流业对地区经济发展的贡献和影响，衡量物流业的规模和效果，包括物流业增加值占比、货运总量增长弹性、经济贡献。其中物流业增加值占比指标反映物流业在地区经济中的比重和地位，比重越高说明物流业对地区经济的拉动作用越大，使用交通运输、仓储和邮政业增加值占地区生产总值的比重来衡量。货运总量增长弹性指标反映物流业的增长速度与地区经济增长速度的关系，弹性越大说明物流业的增长潜力越大，这一指标也是物流业与经济增长的相关性的指标，使用货运量增长率与GDP增长率的比重来衡量。经济贡献指标反映物流业的增长贡献率，贡献率越大，说明物流业对地区经济增长的推动作用越大，这一指标是物流业对经济增长的贡献程度的指标，使用物流业增加值增长率与地区生产总值增长率的比重来衡量。

投入指标反映物流业的投入水平和投入效率，衡量物流业的成本和效益，从服务水平、社会效益以及政府行为三个方面来衡量。服务水平指标反映物流业的服务覆盖范围和服务便利程度，指标数值越大说明物流业的服务水平越高，包括每万人享受的营业网点数量、每百家企业拥有网站数、每万平方米投递路线三个指标。物流业作为劳动密集型行业，随着环境和物流技术的发展，对其评价是动态变化的，越来越重视"人"的因素

(李勇辉, 2020), 服务水平不断受到大众的重视。这些指标是反映物流业的服务能力和服务质量的重要方面。社会效益反映物流业的社会影响和社会价值, 指标数值越大说明物流业的社会效益越高, 包括航运里程增长率、电子商务交易、邮政业务从业人员的年平均工资、邮电业务收入四个指标。物流和电子商务密不可分, 是协同发展关系 (张玲雅, 2022), 所以将电子商务交易额纳入评价体系。这些指标是反映物流业的社会作用和社会责任的重要方面。政府行为反映政府对物流业的支持和投入, 指标数值越大说明政府对物流业的重视程度越高, 包括财政支出、光缆铺设长度增长率、固定资产投资占比三个指标, 这些指标是反映政府对物流业的政策导向和政策效果的重要方面。

表 5-1 物流绩效评价指标

指标			指标定义
产出指标	物流业增加值占比		交通运输、仓储和邮政业增加值/地区生产总值
	货运总量增长弹性		货运量增长率/地区生产总值增长率
	经济贡献		物流业增加值增长率/地区生产总值增长率
投入指标	服务水平	每万人享受的营业网点数量	营业网点数/地区年末常住人口
		每百家企业拥有网站数	总网站数/100
		每万平方米投递路线	[农村投递路线+城市投递路线 (公里)]/道路面积
	社会效益	航运里程增长率	公路、铁路及内河航道总里程增长率
		电子商务交易	销售额+采购额
		邮政业务从业人员的年平均工资	邮政业务从业人员的年平均工资
		邮电业务收入	邮政业务收入+电信业务收入
	政府行为	财政支出	物流业财政支出额
		光缆铺设长度增长率	光缆铺设长度增长率
		固定资产投资占比	物流业固定资产投资/地区固定资产投资

　　共建"一带一路"倡议沿线省份一共包含 18 个，分别为新疆维吾尔自治区、陕西省、甘肃省、宁夏回族自治区、青海省、内蒙古自治区、黑龙江省、吉林省、辽宁省、广西壮族自治区、云南省、西藏自治区、上海市、福建省、广东省、浙江省、海南省、重庆市。分别收集这 18 个省份 2008—2021 年 14 年间物流绩效评价指标数据，数据来源为《中国统计年鉴》和各省统计年鉴。因此，数据类型为面板数据。

二、研究方法

（一）DEA-Malmquist 指数模型

　　数据包络分析方法是运筹学、管理科学与数理经济学交叉的一个新领域。它是一种非参数的效率测量方法，根据多项投入指标和多项产出指标，对具有可比性的同类型单位进行相对有效性评价的一种数量分析方法。根据不同的适用条件，DEA 方法有三种类型，一是假设规模报酬不变的 CCR 模型，主要用来测量技术效率。二是假设规模报酬可变的 BCC 模型，主要测算纯技术效率。传统的 CCR 和 BCC 模型只能横向比较决策单元在同一时间点的生产效率。三是 DEA-Malmquist 指数模型，可以测算决策单元不同时期效率的动态变化，可以更加准确地看出效率随时间波动的主要因素，并可用于面板数据。因此，结合面板数据的性质，本研究利用 DEA-Malmquist 指数模型对沿线地区的物流效率进行评估。DEA-Malmquist 指数计算公式为：

$$M(x^{t+1},\ y^{t+1},\ x^t,\ y^t) = \left[\frac{D^t(x^{t+1},\ y^{t+1})}{D^t(x^t,\ y^t)} \times \frac{D^{t+1}(x^{t+1},\ y^{t+1})}{D^{t+1}(x^t,\ y^t)}\right]^{\frac{1}{2}} \quad (5-1)$$

其中，x^t、x^{t+1} 分别表示 t 时期与 $t+1$ 时期的物流投入量，y^t、y^{t+1} 分别表示 t 时期与 $t+1$ 时期的物流产出量，D^t、D^{t+1} 分别表示决策单元在 t 时期与 $t+1$ 时期的距离函数。如果 $M>1$，则表示 $t+1$ 时期相对于 t 时期的全要素生产率是上升的，$M<1$ 则说明全要素生产率下降，$M=1$ 表明全要素生产率恒

定。指数又可以分解为面向输入的技术效率变化指数（*EFFCH*）和技术进步指数（*TECHCH*），技术效率变化指数又可以分解为规模效率变化指数（*SECH*）和纯技术效率变化指数（*PECH*）两部分，因此公式（5-1）可简化为：

$$M(x^{t+1}, y^{t+1}, x^t, y^t) = TFPCH = EFFCH \cdot TECHCH$$
$$= SECH \cdot PECH \cdot TECHCH \qquad (5-2)$$

当技术效率变化指数、技术进步指数、纯技术效率变化指数、规模效率变化指数大于 1 时，有助于全要素生产率的增长，反之，则会促使全要素生产率降低。

（二）聚类分析

聚类分析（Cluster Analysis）又称群分析，是根据"物以类聚"的道理，对样品或指标进行分类的一种多元统计分析方法。根据数据对象之间的相似度或距离，将它们划分为不同的簇或类别。聚类分析的目的是发现数据中的潜在结构和模式，以及探索数据的分布特征和内在联系。本研究在得到数据包络分析的五个指数结果后，采用 k 均值聚类（k-means clustering）方法，对"一带一路"沿线各省份物流绩效的各项指标进行聚类分析，以此来观察物流绩效的空间差异性。k 均值聚类是一种动态聚类方法。其核心思想是最小化每个点到其簇中心的距离平方和，从而使簇内的点尽可能相似。

三、实证模型估计及结果分析

（一）整体维度动态评价

利用 DEA-Malmquist 指数模型，对收集到的数据进行标准化后，使用 DEAP2.1 软件对"一带一路"沿线各省份物流绩效进行系统评价，又由于共建"一带一路"倡议提出年份为 2013 年，因此评价年份为 2013 年至

2021 年。最终评价结果如表 5-2 所示。

表 5-2   Malmquist 指数年度均值

年份	技术效率变化指数（EFFCH）	技术进步指数（TECHCH）	纯技术效率变化指数（PECH）	规模效率变化指数（SECH）	全要素生产率指数（TFPCH）
2013	0.997	0.990	0.999	0.998	0.988
2014	0.977	1.037	0.994	0.982	1.013
2015	1.000	1.019	0.995	1.005	1.018
2016	1.019	0.931	1.007	1.012	0.948
2017	1.003	1.041	1.002	1.000	1.044
2018	0.991	0.901	0.998	0.993	0.894
2019	0.997	0.936	1.003	0.993	0.933
2020	1.010	1.098	0.998	1.012	1.109
2021	0.997	0.990	0.999	0.998	0.988
平均值	0.999	0.992	1.000	0.999	0.991

表 5-2 为不同年份 DEA 各项指数结果。2013—2021 年，"一带一路"沿线 18 个省份全要素生产率均值为 0.991，说明整体物流效率良好。其中 2014 年、2015 年、2017 年以及 2020 年数值大于 1，其余年份皆小于 1；2016 年、2018 年、2021 年下降，其余阶段表现为上升，说明从时间维度来看，物流效率总体呈现波动变化。值得注意的是，其全要素生产率指数大于 1 的年份中，其对应的技术进步指数也大于 1；全要素生产率指数都小于 1 的年份中，其技术进步指数也小于 1；这说明，这几个阶段，在当时的技术条件下，技术运用对全要素生产率起到重要作用，而技术进步不足导致生产效率低下。此外，2016 年，其技术效率变化指数、纯技术效率变化指数以及规模效率变化指数皆大于 1，但是全要素生产率指数却小于 1，没达到综合有效，说明在当时的技术条件下，资金的投入和使用是有效的，规模效率也是有效的，更进一步说明技术进步对物流绩效的重要影响。

（二）各省份物流效率动态评价

为了对倡议沿线各省份物流效率进行动态评价，计算 2013 年之后沿线省份的 Malmquist 指数，结果如表 5-3 所示。

表 5-3 Malmquist 指数各省份均值

省份	技术效率变化指数（EFFCH）	技术进步指数（TECHCH）	纯技术效率变化指数（PECH）	规模效率变化指数（SECH）	全要素生产率指数（TFPCH）
新疆	1.000	1.004	1.000	1.000	1.004
陕西	1.000	0.994	1.000	1.000	0.994
甘肃	1.000	0.964	1.000	1.000	0.964
宁夏	1.000	0.980	1.000	1.000	0.980
青海	1.000	1.004	1.000	1.000	1.004
内蒙古	1.000	0.986	1.000	1.000	0.986
黑龙江	1.000	1.002	1.000	1.000	1.002
吉林	1.000	0.970	1.000	1.000	0.970
辽宁	1.000	1.000	1.000	1.000	1.000
广西	1.000	1.011	1.000	1.000	1.011
云南	1.000	0.964	1.000	1.000	0.964
西藏	1.000	0.983	1.000	1.000	0.983
上海	0.996	1.011	0.997	1.000	1.007
福建	0.997	0.994	1.000	0.997	0.991
广东	0.997	1.001	1.000	0.997	0.998
浙江	0.995	1.009	0.998	0.998	1.004
海南	1.000	1.001	1.000	1.000	1.001
重庆	0.999	0.981	0.999	1.000	0.980
平均值	0.999	0.992	1.000	0.999	0.991

通过表 5-3 的 Malmquist 指数结果能够看出，各省份全要素生产率指数差异不是特别明显，其中新疆、青海、黑龙江、辽宁、广西、上海、浙

江、海南的全要素生产率指数大于1，其余地区都小于1，说明仍存在多数地区投入产出并不是特别有效的情况。从指数平均值来看，只有纯技术效率变化指数等于1，达到完全有效。而技术效率变化指数、技术进步指数、规模效率变化指数和全要素生产率指数都小于1，表明"一带一路"沿线省份在物流投入产出方面还有较大提升空间。新疆、青海、黑龙江、辽宁、广西、海南各项指标数值都大于1，说明其管理水平、技术以及规模都得到了较大增长，而上海的全要素生产率指数大于1主要得益于技术进步指数和规模效率变化指数大于等于1，而浙江则得益于其技术进步指数大于1。陕西、甘肃、宁夏、内蒙古等多省的技术效率变化指数、纯技术效率变化指数和规模效率变化指数都大于1，但其全要素生产率指数都小于1，说明技术的进步是影响全要素生产率的关键因素。此外，18个省份中，有9个省份技术进步指数都小于1，可见各省份物流行业在技术运用上普遍存在效率不高的问题。全要素生产率指数小于1的省份中，基本受到各省份技术进步指数影响。由此也可推断出物流技术进步对于物流绩效提升具有重要作用。

（三）各省份分层次效率分析

为了分析倡议提出后物流绩效体系中投入指标各方面的效率，将沿线省份全要素生产率拆分为服务水平、社会效益和政府行为三个方面，每个方面2013年之后的全要素生产率值如表5-4所示。

表5-4　各省份分块全要素生产率指数均值

倡议沿线省份	服务水平	社会效益	政府行为	均值
新疆	0.997	0.969	1.025	0.997
陕西	0.939	0.950	1.020	0.970
甘肃	0.946	0.954	0.992	0.964
宁夏	0.932	0.959	0.948	0.946
青海	0.989	1.000	1.015	1.001

续表

倡议沿线省份	服务水平	社会效益	政府行为	均值
内蒙古	0.959	0.936	1.000	0.965
黑龙江	0.954	0.980	1.020	0.985
吉林	0.947	0.959	0.983	0.963
辽宁	0.885	0.953	1.037	0.958
广西	0.987	0.918	1.015	0.973
云南	0.931	0.952	1.001	0.961
西藏	0.986	0.975	0.984	0.982
上海	0.998	0.985	0.999	0.994
福建	0.942	0.950	0.993	0.962
广东	0.913	1.009	1.026	0.983
浙江	0.928	1.015	0.984	0.976
海南	0.962	0.958	1.003	0.974
重庆	0.938	0.928	1.016	0.961
平均值	0.951	0.963	1.003	

全要素生产率指数中,服务水平和社会效益均值都小于1,政府行为均值却大于1,可见大多数省份物流效率提升中政府都发挥了积极作用,但服务水平和社会效益仍存在提升空间。在服务水平指标中,各省份的服务水平全要素生产率值都小于1。在社会效益指标中,除青海、广东和浙江,其他省份的全要素生产率值都小于1,处于效率下降状态。政府行为上,除甘肃、宁夏等7个省份全要素生产率值小于1外,其余11个省份的数值均为大于1。值得注意的是,虽然广东的社会效益和政府行为全要素生产率指数都大于等于1,但由于服务水平全要素生产率指数低,因此其全要素生产率均值依旧小于1。18个省份中,有6个省份在服务水平、社会效益和政府行为上表现都低于1,可见以上省份在上述三个方面都还有改进空间。

（四）共建"一带一路"倡议提出前后沿线省份物流效率比较

为了更加清晰地比较共建"一带一路"倡议的提出是否对沿线省份的物流效率产生影响，将沿线各省份的投入产出指标划分为两个阶段，提出前为 2008 年至 2012 年，提出后为 2013 年至 2021 年，沿线各省份在倡议提出前后的全要素生产率均值如表 5-5 所示。

表 5-5 共建"一带一路"倡议提出前后沿线省份全要素生产效率变化

省份	时间	
	倡议提出前	倡议提出后
新疆	0.995	1.004
陕西	0.962	0.994
甘肃	0.929	0.964
宁夏	0.938	0.980
青海	0.974	1.004
内蒙古	0.982	0.986
黑龙江	0.989	1.002
吉林	0.936	0.970
辽宁	0.986	1.000
广西	0.966	1.011
云南	0.981	0.964
西藏	0.941	0.983
上海	1.023	1.007
福建	0.985	0.991
广东	0.982	0.998
浙江	0.982	1.004
海南	1.013	1.001
重庆	0.943	0.980
平均值	0.972	0.991

从上述沿线 18 个省份共建"一带一路"倡议提出前后的整体均值表

现来看，全要素生产率均值从提出前的 0.972 增加至倡议提出后的 0.991，可见沿线省份的物流效率在共建"一带一路"倡议提出后有了明显提升。从各省份均值比较可以看出，大多数省份的物流效率都有所改善。整体来看，共建"一带一路"倡议提出对沿线省份的物流绩效有着正向影响。从达到完全有效的省份数量来看，共建"一带一路"倡议提出前仅有两个省份达到了效率完全有效，但是提出后有 8 个省份达到了完全有效，更加印证了共建"一带一路"倡议对我国物流发展的积极影响。值得注意的是，虽然共建"一带一路"倡议提出后，沿线各省份物流绩效平均值有了明显上升，但依旧没能达到 1，也就意味着，"一带一路"沿线省份的物流绩效还存在上升空间。

（五）聚类分析

为了探究"一带一路"沿线省份物流绩效上的异同，利用 DEA-Malmquist 的产出结果来对 18 个沿线省份进行聚类分析。因为标量数据较多，因此采用 k-means 分类，为了找出最佳的分类数，本书将从第 2 类开始进行逐一比较，得出最佳聚类数为 4~6 类。为了便于比较，在此选取 6 类作为比较对象，其中分类结果如表 5-6 所示。

表 5-6 最终聚类中心及聚类成员

	聚类					
	1 上海	2 陕西、内蒙古、西藏、重庆	3 甘肃	4 宁夏、吉林、云南	5 新疆、黑龙江、辽宁、浙江、海南	6 青海、广西、广东、福建
技术效率变化指数 （EFFCH）	0.998	1.000	1.000	1.000	1.000	0.999
技术进步指数 （TECHCH）	1.010	0.974	0.947	0.959	1.000	0.989
纯技术效率变化指数 （PECH）	0.998	1.000	1.000	1.000	1.000	1.000

聚类						
规模效率变化指数（SECH）	1.000	1.000	1.000	1.000	1.000	0.999
全要素生产率指数（TFPCH）	1.008	0.974	0.947	0.959	0.999	0.988

从上述统计表可以看出，6 个聚类在五个指标中都有较为平均且较明显的差异，能够直观看出各类之间的差异。从各省份聚类来看，性质相近的省份在地理位置上较为分散。

（1）第 1 类只有上海，其技术进步指数、规模效率变化指数和全要素生产率指数都大于等于 1，技术效率变化指数和纯技术效率变化指数小于1，可见上海市的物流效率大于 1 得益于物流技术进步，但在目前技术水平上，投入资源的使用未达到完全有效。从原始数据来看，上海从 2008 年至2021 年货运总量增长弹性、每百家企业拥有网站数和每万平方米投递路线都有着相对较大的优势。再者，上海的电子商务交易在 2015 年后势头强劲，到 2021 年已经位居其他省份的首位。最后，伴随着上海电子商务和经济的发展，上海的邮政业务从业人员的年平均工资到 2021 年也位居"一带一路"沿线 18 个省份中的首位。

（2）陕西、内蒙古、西藏、重庆为第 2 类，它们除技术进步指数和全要素生产率指数外，其他指数都大于等于 1，可见物流管理和技术是制约以上地区物流效率的主要因素。从原始数据来看，内蒙古在物流业增加值占地区生产总值的平均比值方面明显高于其他三省；在航运里程增长率方面，西藏优于其他三省；在光缆铺设长度增长率方面，重庆落后其他三省较多。

（3）甘肃单独分在第 3 类，主要是因为其技术进步指数在所有沿线省份中表现较差。甘肃省其他方面都达到了完全有效，物流管理和技术是影响其物流整体效率的重要因素。从原始数据来看，甘肃省各项指标表现并不突出，一直没有得到较大的提升。

（4）宁夏、吉林和云南为第 4 类，它们的技术进步指数较低，影响了这些省份的全要素生产率指数。从原始数据来看，宁夏在物流业增加值占地区生产总值的平均比值方面明显高于其他两省；云南在物流财政支出方面要比另外两省突出。

（5）新疆、黑龙江、辽宁、浙江和海南为第 5 类，整体来看，五省各项指标的均值基本等于 1，可见上述省份在各方面表现良好，物流效率较高，部分省份物流发展不够完善的首要原因是受地区经济发展水平限制。以上地区在各项指标表现上较为相似，就算存在个别指标有高有低，也被其他指标平衡了。在物流业增加值占比中，辽宁省表现相对优秀，其他四省物流对地区生产总值的贡献要比辽宁低。以上五省的货运总量增长弹性较大，在沿线 18 个省份中排名都位于前几位。邮政业务从业人员的年平均工资方面，新疆从 2008 年至 2021 年的平均增长率在五个省份中最高。近些年新疆在政府行为上较为积极，超出同类的其他省份。其他指标上五省差异不大。

（6）青海、广西、福建和广东为第 6 类，但是这类只有纯技术效率变化指数大于 1，其他指数皆小于 1，全要素生产率下降表现为物流技术运用以及各要素利用效率不合理，而技术效率未达到完全有效主要受到以上省份物流规模无效的影响。从原始数据来看，在物流业增加值占地区生产总值的平均比值上，青海和广西相比广东有较明显优势；在每百家企业拥有网站数上广东和青海与广西拉开较大差距；在电子商务交易、邮电业务收入和物流业财政支出上广东明显优于青海和广西。其他方面三个省份的差异不大。

四、结论与对策建议

（一）结论

物流效率关乎各省份物流行业的发展情况，对于"一带一路"沿线地

区而言，物流效率更是反映地区经济贸易状况的重要指标。运用 DEA -
Malmquist 指数模型对 18 个省份进行投入产出指标分析，以及对指数分析
结果进行聚类分析，可得出以下结论。①从时间发展来看，"一带一路"沿
线省份的物流效率表现为波动上升趋势，表现为时高时低，但总趋势为上
升，全要素生产率整体表现良好但依旧存在较大发展空间。②从沿线各省
份物流表现来看，技术效率是制约全要素生产率的关键因素，可见各省份
物流行业在管理和技术运用效率上还需进一步提升。③大多数省份的全要
素生产率在服务水平、社会效益和政府行为三个方面都未能达到完全有
效，还有提升空间。④在共建"一带一路"倡议提出前后，不仅全要素生
产率完全有效的沿线省份数量增多，而且大多省份的全要素生产率都提高
了，可见共建"一带一路"倡议提出后，沿线省份的物流效率有了明显提
升。⑤从聚类分析结果来看，各类中包含的省份都相隔较远，可见效率指
数表现相近的省份在地域上较为分散。

（二）对策建议

根据上面的结论，为了促进"一带一路"沿线省份物流绩效的高质量
发展，提升物流效率，推动区域经济的可持续发展，实现共赢的未来，还
需要政府、企业和社会各界的共同努力和持续投入。

1. 提升物流技术效率

从上述数据统计结果可以看出，技术效率与物流绩效呈正向关系。随
着共建"一带一路"倡议的深入发展，沿线地区经济贸易更加发达，继而
对物流技术效率提出更大的挑战以及更高的要求，因此，各地区更要重视
物流技术的应用以及研究创新。政府和企业必须共同努力，重视物流技术
效率提升。通过加大对物流技术投入，引导物流企业加快数字化、智能
化、绿色化转型，提高物流服务质量和效率，增强物流业的核心竞争力，
提升物流效率，降低物流运行成本和风险，从而可以提高物流业增加值占
比，增加货运总量增长弹性，提升物流业对地区经济发展的贡献和影响。

2. 完善服务水平、社会效益和政府行为

首先，需要加大对物流基础设施建设的投入，包括营业网点、道路、铁路、港口和物流园区、网站、光缆等，同时优化物流网络布局，提升物流枢纽的集聚和辐射能力，促进物流资源的整合和共享。这样可以提高每万人享受的营业网点数量、每百家企业拥有网站数、每万平方米投递路线，提升航运里程增长率和光缆铺设长度增长率。这不仅完善了物流服务体系，还提高物流服务的覆盖面和效率。其次，政府通过制定和完善相关法规和标准，提升物流服务的质量和安全性，确保物流活动的规范化和标准化。政府部门应加强对物流市场的监管，打击非法运营和不正当竞争，维护公平的市场秩序。这样可以促进社会交易增加，满足多元化、个性化、高品质的物流需求，促进物流与产业、消费、社会的深度融合。同时加强从业人员的薪酬和福利体系建设，提高邮电业务收入。此外，通过提供税收优惠、资金补贴等激励措施，支持物流企业在提高效率的同时，增强社会责任感和公共服务意识。

3. 促进地域间物流效率的均衡发展

政府需要制定差异化的支持政策，针对不同地区的物流发展水平和特点，提供定制化的发展方案，建立跨省份的物流协作机制。政府可以推动建立物流协作平台，促进不同地区之间的资源共享和优势互补。加强区域协调和合作，充分发挥各省份的比较优势和特色，形成互补互助的区域物流发展格局，缩小物流效率的地域差距，实现物流效率的协同提升。

第6章 大件及重货品类跨境物流服务质量提升研究——以中国跨境电商卖家为视角

共建"一带一路"倡议下，中国加深与沿线国家的合作和经贸往来，为跨境电商快速发展提供了新的机遇。海关数据显示，2022年我国跨境电商进出口规模首次超过2万亿元，达到2.1万亿元，比2021年增长7.1%，占全国货物贸易进出口总值的4.9%①。国家"十四五"规划将跨境电商作为外贸新动能，这预示着未来跨境电商在国家政策加持下仍将高速发展。跨境电商的发展离不开跨境物流的支持，优质的跨境物流服务是良性跨境电商生态系统的决定性条件。随着我国跨境电子商务迅猛增长，跨境通关慢、退换货难度大、物流成本高、产品供应链抗风险能力弱、尾程配送时效低等物流痛点逐步凸显，跨境物流服务亟待变革。

随着跨境电商消费习惯的形成和购物场景的巨大转变，户外、家居、汽摩配件等已成为引领我国跨境出口高增长的强势引擎。箱包、瓷砖、沙发、厨具等跨境热销产品因体积或重量较大归属于"大件及重货品类"，这些商品在我国具有雄厚的产业基础和完善的产业链。然而，大件及重货商品本身价值高、物流成本居高不下，导致卖家物流抗风险能力较弱，纵

---

① 跨境电商开拓外贸新增长点［EB/OL］.（2023-07-31）［2023-11-13］. https://www.gov.cn/yaowen/liebiao/202307/content_ 6895581.htm.

使消费市场潜力巨大，跨境卖家依然会望而却步。统计数据表明，尾程配送不及时在大件及重货商品差评中占比高达35%，过多的类似不良商品评价直接影响了商品的转化率和销量，严重削弱了中国跨境卖家"出海"的信心。在跨境电商领域，服务质量仍是顾客满意的最主要因素之一，而满意又是企业维持老顾客、保持竞争优势的基础（郑兵等，2007）。由此可见，大件及重货品类跨境电商市场的巨大潜力对跨境物流提出了更高的质量要求。如何合理提升跨境物流服务质量，俨然成为加速大件及重货商品出海的关键。

跨境物流是物品从跨境电商企业流向跨境消费者的跨越不同国家或地区的物流活动。根据商品的空间位移轨迹，跨境物流分为国内物流、国际物流、目的国物流与配送三块（冀芳等，2015）。由于门槛较低、运营风险较小，轻小件产品一度成为跨境物流活动中的主体，一般情况下，这些产品重量在 2 千克以下且周长在 90 厘米以内，常见的跨境物流服务有邮政小包、E 邮宝等。相较之下，大件及重货商品在运输、仓储、尾程配送过程中易破损，部分商品需要专用物流设备辅助搬运，成功投递后还须入户安装。因此对跨境卖家而言，大件及重货品类跨境物流管理难度更大、成本更高、流程更复杂、风险更不可控。

物流服务质量（logistics service quality，LSQ）的高低，是由顾客对感知服务质量评估决定的（田宇，2001）。SERVQUAL 量表是研究顾客感知服务质量最为广泛的工具之一，该量表由有形性、可靠性、响应性、保证性和移情性 5 个维度和相应的 22 个题项构成（Parasuraman，1988）。学者们在最初的 SERVQUAL 量表基础上适当修正了物流服务质量的影响因子，形成一系列相关研究成果，如表 6-1 所示。

表 6-1　基于 SERVQUAL 量表的物流服务质量部分研究成果

序号	评价维度	研究学者
1	有形性、可靠性、响应性、保证性、移情性	Parasuraman A 等（1988）

续表

序号	评价维度	研究学者
2	经济性、响应性、灵活性、可靠性、移情性	代应等（2021）
3	有形性、可靠性、响应性、安全性、经济性	李旭东等（2018）
4	移情性、保证性、可靠性、响应性、有形性	李明会（2021）
5	可靠性、时效性、经济性、移情性、信息交互性	林明辉（2021）
6	有形性、可靠性、响应性、保证性、移情性、价格、方便性	谢广营（2016）

关于 Kano 模型，Noriaki Kano 教授首次将满意与不满意标准引入质量管理领域，采用二维模式来认知质量，提出了著名的 Kano 模型。与传统服务属性探测方法相比，Kano 模型能考虑到顾客心理因素，兼顾到顾客消费动机，具有一定的优势（孟庆良等，2012）。国内学者主要在 Kano 分类、不同 Kano 类别对物流服务满意度的影响及需求重要度的改进等方面进行了深入的理论研究，为农村电子商务物流（吕有清等，2020）、电商退货物流（吴筱娴等，2015）、同城配送（李孝康等，2017）等领域提供了提升服务满意度的建议。

综上所述，当前关于跨境物流服务质量的相关研究大多聚焦于跨境物流服务质量的影响因素，并在不同跨境物流模式或典型跨境区域的物流服务研究方面有所拓展，如 B2C 跨境电商物流（乔晓冰等，2020）、共建"一带一路"倡议区域（陆华等，2020）。然而，从跨境电商卖家角度关注细分品类物流服务的差异化研究较少，如重货、大件货等。因此，本章将 Kano 模型的研究思想和方法应用于大件及重货品类跨境物流服务质量评价体系的构建，从跨境卖家满意度角度对影响因素进行分类，在实证调查基础上辨识大件及重货品类跨境物流的关键因素，为助力大件及重货品类加速"出海"提供理论依据。

一、研究设计

（一）大件及重货品类跨境物流服务质量指标的确定

借鉴已有服务质量、物流服务质量的概念，大件及重货品类跨境物流服务质量可定义为：跨境卖家委托物流服务商将大件及重货品类从供应地送至跨境买家所在地，对跨境物流的实物送达、增值服务、在线交互等方面的主观感知，是跨境卖家体验大件及重货品类物流服务的综合体现。

除具有跨境物流的一般特点外，大件及重货品类跨境物流存在其独特之处，因而，本部分以 SERVQUAL 量表相关研究成果（见表6-1）和大件及重货品类跨境物流服务需求特征（见表6-2）为基础，结合跨境卖家物流体验的感知程度，从四个方面调整和修正大件及重货品类跨境物流服务质量评价体系的评价维度：①保留"有形性"维度不变，侧重关注跨境物流服务的实体表现，是保障重货及大件商品物流所需的硬件条件。②"可靠性"维度和"保证性"维度合并为"可靠性"维度。两个原有维度的核心都是保证跨境卖家能享受到放心、可靠的物流服务，因此整合为"可靠性"维度。③保留"响应性"维度不变，凸显重货及大件品类跨境卖家对国际运输、配送和售后安装服务响应要求严苛的特点。④设置"可得性"和"经济性"两个维度，融入"移情性"维度相关要素，设身处地地站在卖家立场提供方便快捷的跨境物流服务，控制物流成本。

表6-2　大件及重货品类跨境物流服务需求特征

产品类别	代表性产品	产品特征	跨境物流服务需求特征				
大件及重货品类	家居生活/户外运动/母婴玩具等	体积或重量大、运费成本高、订单波动性较大、服务型产品居多	A1. 物流设施设备的专用性，与所提供的物流服务相协调；A2. 物流设施设备在视觉上具有吸引力；A3. 物流服务人员形象得体	B1. 如期发货/到货；B2. 物流信息的正确性；B3. 跨境通关速度快；B4. 货代服务合理合规（代打包、代发货、代贴单等）；B5. 装配服务一体化、专业化；B6. 收发货人信息的保密性；B7. 专业的物流服务人员	C1. 物流信息更新的及时性；C2. 提供及时快速的在线客户服务；C3. 突发事件处理的及时性	D1. 跨境物流网络覆盖率高；D2. 售后安装服务流程简单；D3. 退换货物流的便捷性；D4. 可多途径获取物流信息；D5. 免费上门揽收；D6. 提供物流投诉渠道	E1. 物流费用合理；E2. 物流计价方式灵活；E3. 享受高性价比的增值服务；E4. 差异化的退换货物流费率
评价侧面			有形侧面A	可靠侧面B	响应侧面C	可得侧面D	经济侧面E

（二）预调查检验

采用便利抽样法对某跨境电商企业员工随机发放20份问卷。经剔除无效问卷后，对回收的18份有效问卷样本进行预调查检验。①Cronbach's α系数法进行检验。样本总体Cronbach's α系数为0.876，内部一致性较好。因"A2. 物流设施设备在视觉上具有吸引力"和"D4. 可多途径获取物流信息"的相关系数都小于0.3，移除此两项之后的样本总体Cronbach's α系数提高为0.904，且各指标Cronbach's α系数均大于0.7，满足信度检验要求。②因子分析法进行检验。运用主成分分析法进行因子分析，移除因子载荷值小于 0.4 的指标"E2. 物流计价方式灵活"。

经如上优化调整后，大件及重货品类跨境物流服务质量评价指标体系包括有形性、可靠性、响应性、可得性及经济性 5 个一级指标和 20 个二级指标，如表 6-3 所示。

表 6-3　大件及重货品类跨境物流服务质量评价指标体系

一级指标	二级指标	一级指标	二级指标
有形性 A	A1. 物流设施设备的专用性，与所提供的物流服务相协调	响应性 C	C1. 物流信息更新的及时性
			C2. 提供及时快速的在线客户服务
	A2. 物流服务人员形象得体		C3. 突发事件处理的及时性
可靠性 B	B1. 如期发货/到货	可得性 D	D1. 跨境物流网络覆盖率高
	B2. 物流信息的正确性		D2. 售后安装服务流程简单
	B3. 跨境通关速度快		D3. 退换货物流的便捷性
	B4. 货代服务合理合规		D4. 免费上门揽收
	B5. 装配服务一体化、专业化		D5. 提供物流投诉渠道
	B6. 收发货人信息的保密性	经济性 E	E1. 物流费用合理
	B7. 专业的物流服务人员		E2. 享受高性价比的增值服务
			E3. 差异化的退换货物流费率

二、实证研究

（一）Kano 模型

使用 Kano 模型按照不同的物流服务质量特性与跨境卖家满意度之间

的关系将跨境物流服务分为以下五类（见图6-1）：①魅力型服务，即跨境卖家意料之外的服务。提供此服务将会极大地提升跨境卖家满意度，不提供此服务也不会引起卖家的不满。②期望型服务。提供此服务时，跨境卖家满意度会有所上升；不提供此服务时，则会引起卖家不满。③无差异型服务。无论是否提供此服务，跨境卖家的满意度都不会有所改变。④基本型服务，是必备的基本属性。当该因素未能满足跨境卖家需求时，跨境卖家满意度会大幅降低；当该属性充分满足跨境卖家需求时，卖家可能也不会表现出满意。⑤反向型服务。跨境卖家对这些服务没有需求，提供后跨境卖家满意度反而会下降。

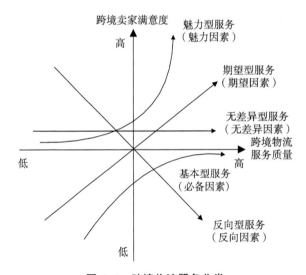

图6-1　跨境物流服务分类

（二）问卷调查与数据收集

正式调查中采用线上线下相结合的方法，线下由调查人员在跨境电子商务园区派发问卷，线上与一家跨境电商培训机构开展项目式研究合作，对跨境卖家学员发放临时调查问卷。调查历时4个月，共回收435份问卷，有效问卷357份，有效率为82.07%。对有效问卷进行描述性统计分析（见图6-2），被调查者覆盖了各经营阶段的大中小跨境电商卖家，说明本调查样本具有代表性。对有效问卷数据进行信度和效度分析，正反向问题的 Cronbach's α 系数分别为 0.937 和 0.920，均大于 0.9，内部一致性良好；KMO 值分别为 0.734 和 0.805，累计方差贡献率分别为 63.756% 和 67.443%，结构效度良好。因此，问卷可用于 Kano 模型分析。

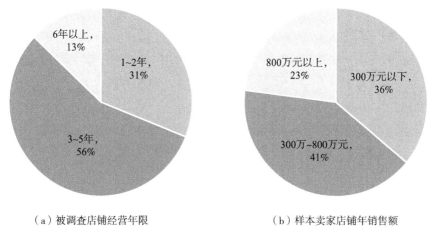

（a）被调查店铺经营年限　　　　　　（b）样本卖家店铺年销售额

图6-2　问卷描述性统计分析

（三）质量因素归属分类

1. Better-Worse 分类

对影响大件及重货品类跨境物流服务质量的因素归属进行初步判定，得出 Kano 频数统计表。经频数统计，"E3. 差异化的退换货物流费率"的反向型服务频数为 126，明显高于该因素的其他类的频数，则 E3 为反向型服务因素。

移除上述反向型服务因素后，采用 Better-Worse 系数进行计算，用以表示该因素的满意度和不满意度，其计算公式如下所示：

满意影响系数 Better：

$$Better(Bs) = \frac{A + O}{A + O + M + I} \qquad (6-1)$$

不满意影响系数 Worse：

$$Worse(Ws) = \frac{M + O}{A + O + M + I} \qquad (6-2)$$

其中，A：魅力型服务因素；O：期望型服务因素；M：基本型服务因素；I：无差异型服务因素；Q：可疑矛盾型服务因素；R：反向型服务因素。

由各因素的 Better-Worse 系数画出散点图，以横纵坐标 0.5 数值为分界线划分为四个象限。由表 6-4 和图 6-3 可知，4 个属于魅力型服务因素 A，6 个属于期望型服务因素 O，6 个属于基本型服务因素 M，3 个属于无差异型服务因素 I，1 个属于反向型服务因素 R。简言之，期望型服务因素与基本型服务因素占总数的 60%，只有一个无关的反向型服务因素，没有可疑矛盾型服务因素出现。

表6-4 大件及重货品类跨境物流服务质量因素归属分类

因素	Better	Worse	类别	因素	Better	Worse	类别
A1	0.2813	0.3210	I	C2	0.5244	0.5152	O
A2	0.1614	0.4121	I	C3	0.2284	0.5247	M
B1	0.5714	0.3585	A	D1	0.3446	0.7203	M
B2	0.5537	0.6412	O	D2	0.3188	0.5875	M
B3	0.6050	0.4286	A	D3	0.5328	0.5726	O
B4	0.2532	0.5032	M	D4	0.5751	0.3059	A
B5	0.5405	0.5260	O	D5	0.2165	0.3618	I
B6	0.2404	0.5193	M	E1	0.6073	0.8164	O
B7	0.2938	0.5430	M	E2	0.6149	0.3161	A
C1	0.7006	0.6299	O	E3	/	/	R

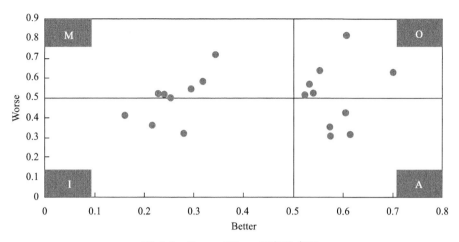

图 6-3　Better-Worse 系数散点图

2. 重要度排序

定义绝对重要度为 W_i，计算公式如下：

$$W_i = \max\left(\frac{Bs_i}{\sum_{i=1}^{n} Bs_i}, \frac{Ws_i}{\sum_{i=1}^{n} Ws_i}\right) \qquad (6-3)$$

其中，n 表示服务质量因素的数量。

某一类别下某因素的相对重要度为 RW_i，计算公式如下：

$$RW_i = \frac{W_i}{\sum_{i=1}^{m} W_i} \qquad (6-4)$$

其中，m 表示该 Kano 类别下质量因素的总数量（SIRELI，2007）。

表 6-5 为不同类别下的各因素相对重要度降序排列，其中反向型服务因素仅一个，故不考虑其相对重要度情况。

表6-5 大件及重货品类跨境物流服务质量因素重要度排序

类别	因素	W_i	RW_i	绝对重要度排序	类别	因素	W_i	RW_i	绝对重要度排序
A	E2	0.0727	0.0610	4	I	A2	0.0418	0.0351	17
	B3	0.0715	0.0601	5		D5	0.0367	0.0308	18
	D4	0.0680	0.0571	6		A1	0.0333	0.0279	19
	B1	0.0676	0.0567	7	M	D1	0.0731	0.0614	3
O	E1	0.0829	0.0696	1		D2	0.0596	0.0501	12
	C1	0.0828	0.0695	2		B7	0.0551	0.0463	13
	B2	0.0655	0.0550	8		C3	0.0532	0.0447	14
	B5	0.0639	0.0537	9		B6	0.0527	0.0442	15
	D3	0.0630	0.0529	10		B4	0.0511	0.0429	16
	C2	0.0620	0.0521	11	R	E3	/	/	/

（四）结果分析

对 5 个一级指标维度按绝对重要度均值排序，其结果为经济性>响应性>可靠性>可得性>有形性。

1. 关键因素识别

绝对重要度均值为 0.0609，将高于该值的因素定义为关键因素，则大件及重货品类跨境物流服务质量的关键因素有 11 个，分别是物流费用合理 E1、物流信息更新的及时性 C1、跨境物流网络覆盖率高 D1、享受高性价比的增值服务 E2、跨境通关速度快 B3、免费上门揽收 D4、如期发货/到货 B1、物流信息的正确性 B2、装配服务一体化、专业化 B5、退换货物流的便捷性 D3 和提供及时快速的在线客户服务 C2。其中，物流费用合理 E1、物流信息更新的及时性 C1 和跨境物流网络覆盖率高 D1 这 3 个因素的绝对重要度排名前三，是跨境物流服务关键因素的重中之重。

2. 关键因素中的魅力型和期望型服务因素

魅力型服务因素 E2、B3、D4、B1 是排名第 4~7 位的因素，这些因素对跨境卖家有很大的吸引力，可通过提供这些跨境物流服务来提升跨境卖家满意度。期望型服务因素 B2、B5、D3、C2 位列第 8 至 11 位，这些均为跨境卖家十分期望提高的因素，以此增加转化率，提升好评率。

3. 关键因素中的基本型和无差异型服务因素

因素 D2、B7、C3、B6、B4 和 A2、D5、A1 分别属于基本型服务和无差异型服务。前者是中国跨境卖家选择跨境物流服务商的基本条件，一旦不能满足，将大幅降低满意度，此时跨境卖家极有可能更换物流服务商来规避物流风险；后者对大件及重货品类跨境物流服务满意程度影响不显著，例如现阶段中国跨境电商卖家对物流服务人员形象等方面几乎不做要求，但在改善和优化跨境物流服务时可据此合理配置资源。

4. 存在唯一的反向型服务因素

"E3. 差异化的退换货物流费率"因素对跨境卖家的物流服务反馈产生了负面影响，不利于跨境卖家物流满意度的提高。当跨境逆向物流费用越灵活，跨境卖家对商品物流成本预算难度越大，意味着一些潜在的内外部因素将直接影响商品营销战略。为了减少跨境卖家对物流服务的不满意度，跨境物流服务商应尽可能地固化退换货费率，按商品品类、买家取货率、买家所处跨境区域等细化物流标准，降低跨境卖家店铺运营风险，增强大件及重货品类逆向物流的信心。

三、对策建议

（一）多措并举，促进跨境物流降本增效

物流费用是否合理，取决于物流服务商的物流定价，也取决于商品和物流渠道的匹配性。需求价格弹性高的商品对价格较为敏感，往往以低价提高销量，跨境卖家对这类大件及重货商品要尽可能选择经济型的物流模式。Shopee 平台重货渠道卖家会将一部分运费成本隐藏到销售价格里，这

种"藏价"的定价方式对买卖双方利好。买家一次下单多件商品与下单一件商品所需支付的运费是一样的,有利于刺激买家下单消费,同时卖家物流成本压力也有所减小。而对一些价格缺乏弹性的商品,跨境卖家则应结合自身状况、商品品类和市场供应等综合考虑物流方式,例如采用"集中采购—头程运输—海外仓"模式,实现经济规模效应,提升尾程派送时效,优化买家认可度,以此提高商品销量。

(二)多方合力,保障物流信息顺畅

跨境卖家将商品交付给跨境物流服务商后,如果物流服务商能及时提供商品揽收、商品通关、国际物流运输等信息,跨境卖家对物流服务质量满意度将有所上升。反之,如果商品物流异常,跨境卖家第一时间无法从物流服务商处获取商品物流状态,导致卖家应急物流响应迟钝,则会引起跨境卖家的极度不满。除了物流服务商和跨境电商卖家,跨境电商平台在物流信息的及时传递方面也起到了关键性作用。2020年Shopee全面上线首公里追踪功能,解决了原有从海外卖家仓库到Shopee海外仓库物流信息的空白,大大降低了因买家长时间等待发货而取消订单的风险,提升了卖家的物流服务质量。

(三)深耕全球物流网络,赋能大件及重货品类跨境电商

随着跨境电商平台开拓全球市场,辐射更远、更多品类的客户群,跨境物流网络全球化建设的内在要求日益迫切。现阶段,国际物流公司或邮政快递企业逐步重视中国跨境电商主流市场,如欧美、日韩、东南亚、非洲、巴西、澳大利亚等,开始建立覆盖多国的跨境大件及重货专线服务,加深与本土主要物流服务商的合作联盟,共享绿色清关,优化海外仓功能,精细尾程派送。简言之,加快物流网络布局是中国跨境卖家货销全球的必要条件,也是大件及重货品类跨境物流全面提速、跨境电商平台消费潜力不断释放的根本之路。

综上所述,近年来,大件及重货品类的海外需求加速增长,我国在家

具、户外用品等品类上拥有强大的供给优势，但大部分中国跨境卖家却不敢轻易涉足大件重货，关键原因之一是跨境物流服务质量参差不齐，跨境物流管理难度大、成本高昂。为提升大件及重货跨境电商卖家的物流体验，本章以 SERVQUAL 量表为基础，构建了跨境物流服务质量评价指标体系，采用 Kano 模型对各要素进行归属分类和重要度排序。实证研究结果表明，大件及重货品类跨境物流服务质量因素按绝对重要度均值排序为经济性>响应性>可靠性>可得性>有形性，进一步反映出了合理的物流费用、及时的物流信息和高覆盖率的跨境物流网络能大幅提升大件及重货品类跨境物流服务水平，有效降低买家不良体验订单率，提高店铺转化率，增强中国跨境卖家的物流自信，推动跨境电商成为中国社会经济发展的新动能。

在跨境电商平台之间的竞争逐渐由销售竞争向供应链竞争转变的背景下，把持续优化改进大件及重货品类跨境物流服务的重点放在上述的 11 个关键因素上，有利于在保障大件及重货品类跨境卖家利益的条件下，事半功倍地提升跨境物流水平，满足广大跨境卖家日益增长的物流服务需求，进而使得中国跨境卖家更好地扎根全球大件及重货品类跨境电商市场。

第7章 共建"一带一路"倡议下电商平台供应链金融体系中零售商最优动态订货策略研究

　　"资金融通"是共建"一带一路"倡议的重要内容之一,也是推动沿线国家经济社会发展的重要支撑。资金融通不仅为"一带一路"沿线国家提供了稳定、可持续、低成本的资金来源,也为中国企业走出去提供了有力的金融支持。资金融通也为"一带一路"沿线国家之间建立长期、稳定、可持续、风险可控的融资体系创造了有利条件。同时也应该看到共建"一带一路"倡议下资金融通也面临着信用风险、市场风险、政治风险、法律风险等。资金融通可与物流金融或供应链金融结合降低风险。

　　供应链金融与共建"一带一路"倡议有着天然的契合点,因为共建"一带一路"倡议本质上就是一个全球性的供应链网络,涉及多个国家、多个行业、多个领域的经贸合作。同时在共建"一带一路"倡议下,跨境电商得到了快速发展和壮大,电商平台为中小企业提供了广阔的销售机会,成为沿线国家之间经贸合作的新动力和新亮点。跨境电商不仅可以满足消费者的多样化需求,促进商品的全球流通,还可以激发中小企业的创新活力,增加就业机会,促进社会经济发展。

　　跨境电商平台是一个全球性的电商平台网络,由于信息共享程度高,是共建"一带一路"倡议下开展供应链金融重要的主体之一。电商平台供应链金融可以为"一带一路"沿线国家提供以下优势:一是有效解决中小微企业融资难题，降低融资成本；二是有效降低跨境贸易风险，提高贸易安全；三是有效促进产业升级和转型，提高产业竞争力。

因此在电商平台供应链金融体系下，中小企业可以利用电商平台的供应链金融服务缓解资金压力。本章从零售商角度，分析其在资金约束情况下，利用电商平台供应链金融融资业务缓解资金压力时的动态订货策略。

一、电商平台供应链金融研究综述

在传统的供应链管理研究领域，主要关注企业运营和物流方面的活动，以便降低价值链活动成本、提升供应链绩效、管理供应链风险和进行信息化。然而仅仅只关注和优化这些活动并不是供应链持续发展的长久之计（Ronchini et al.，2021）。全球供应链当中，在经济下滑和经济危机时期，供应链企业贷款的成本会提高很多（Nigro et al.，2021），而且会产生资产贬值，抵押物缩水现象（Moretto et al.，2019），企业希望尽快收回应收账款并且延长应付账款（Marak et al.，2021；Coulibaly et al.，2013），使得面临资金约束的企业陷入更大的困境，尤其是处于弱势的中小企业。这种"资金战争"使得中小企业更加艰难，增加了破产或退出市场的风险。所以，如果资金约束企业不能从银行或其他渠道增加资金来源，会降低自身利润以及整条供应链的利润。因此需要一个新的解决方案和计划来优化供应链流动资金。其中最重要的方法之一是供应链金融（Zhang et al.，2019；Abdel-Basset et al.，2020）。

越来越多的企业关注并且积极参与供应链金融。例如商业银行等金融机构，它们将供应链中核心企业的信用和实力作为参考标准，为上下游企业提供贷款，缓解供应链企业尤其是中小企业的资金压力。不仅商业银行等金融机构，供应链中的核心企业、第三方物流企业（Wen et al.，2019）、技术提供商（Du et al.，2020）等，利用自身在供应链中掌握的资源也纷纷介入供应链金融业务。近年来，中国电子商务发展迅速，电商平台参与供应链金融不仅能改善电商平台的服务质量，扩大平台商家数量，而且能提高电商平台的盈利能力，从而提高电商平台的核心竞争力。发展供应链金融业务是电商平台的必然选择（刘俊娥等，2014），基于电子商务平台的供应链金融模式已经产生并且初具规模。

　　学术界关于电商平台参与供应链金融的研究，已经取得了一定的进展。外文文献中，Shi（2015）建立了第三方 B2B 电子商务平台的在线供应链金融信用风险评价模型，用中国的数据对信用风险评价模型进行了实证研究。Zhao et al.（2015）在有限理性和信息不对称的基础上，利用博弈模型分析了电商平台金融服务提供商和商业银行之间的竞争与合作关系，利用阿里巴巴和京东的供应链金融业务来验证模型结果。Martin et al.（2017）通过问卷和深度访谈分析了金融服务提供商（financial service providers，FSPs）整合和管理供应链金融体系的理由，以及它们需要提供哪些技术和服务才能满足供应链金融各主体的需求。Zhou et al.（2018）用个案分析法介绍了中国最大电商平台阿里巴巴在农业供应链中的融资动机和融资方案，这些方案能够激励上游供货商进行绿色生产。何升轩等（2016）分析了第三方 B2B 平台和商业银行合作的在线供应链金融模式的风险，构建了风险评价体系。任敏等（2018）总结了目前中国存在的四种第三方 B2B 电商平台供应链金融运作模式，利用 Shapley 值法对收益分配进行探讨，将层次分析法和模糊综合评价法相结合，进一步提出考虑风险因素影响的收益分配修正计算式。徐鹏等（2019）构建博弈模型探究银行和第三方 B2B 电商平台互动过程中的信任问题。李光荣等（2020）分析了供应链金融风险的特征，提出了控制风险对策。胡雯莉（2021）构建银行对 B2B 电商激励的委托代理模型，得出银行应积极促使核心企业参与、共同激励 B2B 电商的结论。

　　由以上文献分析可以看出，目前关于电商平台供应链金融的研究主要集中于概念与模式探讨、具体案例分析、风险分析、博弈模型、收益分配等主题，运用动态规划模型研究电商平台供应链金融优化问题的文章极少，因此本章在电商平台供应链金融环境下，建立零售商最优订货策略的动态规划模型，求解零售商在面临资金约束，通过电商平台进行融资时的最优动态订货策略。

二、基于电商平台的线上供应链金融系统组成

本章建立的供应链金融系统由供应商、制造商、零售商、物流企业、电商平台和银行组成。供应商、制造商和零售商组成了一条基本的供应链，并通过电商平台进行交易；电商平台能够记录和分析它们的交易信息，对它们的信誉和还款能力具有一定的了解，可以按照一定的标准对企业进行电子商务信用评级。电商平台与银行合作，为银行提供企业信用评级等信息共享服务，收取一定的服务费用。因为有电商平台的存在，假设需求信息是对称的，企业对市场不确定性的需求都有相同的认知。物流公司提供估值和监督质押货物的服务，向各企业收取存储、运输、监管等物流服务费用；银行为供应链企业提供资金。在这个体系中，本章主要研究在需求不确定性的情况下，零售商存在资金约束、通过电商平台进行线上库存融资时，能够使得利润最大化的动态订货策略。零售商资金来源包括销售活动和融资活动。销售活动包含订购、存储和销售库存商品；融资活动包括向外短期借款来购买库存商品并支付相应的利息，以及现有的资金可以存入银行得到无风险利息收入。

阶段 $n[n \in (1, 2, \cdots, N), N = (1, 2, \cdots, N)]$，零售商在电商平台上按照一定的市场价格销售某种产品。每一期期初零售商会检查库存数量和现金数量，根据市场需求决定订货数量，并按照一定的批发价格向制造商订购。假设零售商首先使用现金支付货款，现金不够时才会向外借款或者融资，即当现金超过订货所需资金时，零售商直接用现有资金付款；当订货所需资金超过现有资金时，零售商无法在账期内按时支付货款，零售商面临资金短缺问题，使用电子仓单模式向银行提出融资申请。零售商在生成电子订单时会向银行提出贷款申请，待制造商将货物发送到指定的仓库后，银行会在零售商的信用额度内，根据货款金额的一定比例给零售商贷款额度。假设同一批货物只能贷款一次。整个融资的过程都是在线申

请和审核,信息都是在线进行传递。电商平台为零售商进行担保,又有货物的质押保证,所以银行可以快速放款。

零售商在每一个销售周期内的交易事件发生的顺序是:①零售商查看初始库存和资金状态;②零售商根据不确定需求决定订货数量并且通过电商平台在线向制造商下订单;③制造商确认订单;④零售商在线申请贷款;⑤电商平台确认担保;⑥银行审核贷款;⑦制造商发货至物流企业;⑧物流企业盘点之后在线传输相关凭证;⑨银行向制造商发放贷款;⑩零售商销售货物,期末归还贷款和利息。

从零售商下订单到期末零售商销售完成归还银行贷款,称为一个销售周期。假设零售商在每一个销售周期订货一次。每一期零售商面临市场需求不确定性,如果需求超过货物数量,零售商将会失去销售机会;如果货物没有全部卖完,剩余部分需储存,进入下一个阶段继续销售,零售商支付给物流公司相应的存储费用。一个销售周期结束之后,零售商剩余的库存和现金将作为下一个周期的初始库存和现金,零售商根据初始库存和现金再次进行订货策略决策,如此循环直至最后一期。

三、零售商最优订货策略动态规划模型建立与求解

(一) 动态规划模型建立

模型各变量的符号说明如下:

Y_n 表示零售商第 n 期期初的现金余额,现金余额的值为负数时表示零售商处在负债的状态,为正值时表示零售商有现金余额。

I_n 表示零售商的期初库存状态,$I_n \geq 0$。

w 表示每单位产品的批发价格,即制造商卖给零售商的产品价格。

q_n 表示在第 n 阶段初期零售商向制造商的订货量。

p 表示每单位产品的零售价格。

y_n 表示零售商用现金能够购买的货物数量,是用货物来衡量的现金价

值。$y_n = Y_n / w$，同时 $y_n \geqslant 0$。

h 表示每单位产品的存储费用。

D_n 表示零售商第 n 期市场需求，需求具有不确定性，假设每一期的需求是独立的。$f(d_n)$ 表示需求的概率密度函数（Probability Density Function，PDF），$F(d_n)$ 表示随机需求的累积分布函数（Cumulative Distribution Function，CDF）。

δ 表示零售商向银行进行库存融资的质押率，$0 \leqslant \delta \leqslant 1$。

R 表示零售商通过电商平台向银行进行融资的利率。

φ 表示电商平台向零售商收取的担保费率。

r 表示无风险利率。

第 n 期期初，给定初始状态向量 $S_n = (I_n, y_n)$，在需求不确定性的情况下，零售商的利润分为两个部分，第一部分是与销售产品活动有关的收入和支出，第二部分是关于融资活动的现金流入和流出。

第一部分销售产品活动的净利润为：

$$
\begin{aligned}
R_n(D_n, q_n, I_n) &= p \cdot min(q_n + I_n, D_n) - h \cdot [q_n + I_n - D_n]^+ \\
&= p \cdot [q_n + I_n - (q_n + I_n - D_n)^+] - \\
&\quad h \cdot [q_n + I_n - D_n]^+ \\
&= p \cdot (q_n + I_n) - (p + h)[q_n + I_n - D_n]^+ \quad (7-1)
\end{aligned}
$$

其中，$[a]^+ = max\{a, 0\}$，表示 a 与 0 比较取较大者。公式（7-1）变换利用 $min\{a, b\} = a - [a - b]^+$。公式（7-1）表明销售产品的净利润函数与产品库存数量，订货量和市场需求相关。

第二部分关于融资活动的现金流入和流出又分为两种情况。

（1）如果零售商期初的现金余额能够支付货款，也就是说当 $0 \leqslant q_n \leqslant y_n$ 时，零售商不需要向银行进行融资。这时零售商期末现金活动的收益为：

$$
K_n(q_n, y_n) = w \cdot (y_n - q_n) \cdot (1 + r) \quad (7-2)
$$

（2）如果零售商期初的现金余额不足以支付货款，即 $y_n \leqslant q_n$ 时，则零售商需要向银行进行借款，需要借款的金额为 $w \cdot (q_n - y_n)$，同时银行对零售商库存融资有质押率的限额，因此有 $w \cdot (q_n - y_n) \leqslant \delta \cdot w \cdot q_n$，即 $(1 - \delta) q_n - y_n \leqslant 0$。因此，当 $\delta = 1$ 时，y_n 才可能取到 0 值，这时候零售商所需要的货款可以全部从银行进行融资，零售商在初始状态不用备有现金。当 $0 \leqslant \delta_n < 1$ 时，零售商需要将银行贷款剩下的部分补足现金。融资需要向银行支付利息以及向电商平台支付担保费用，因此在第 n 期零售商的现金净流出为：

$$K_n(q_n, \ y_n) = w \cdot (q_n - y_n) \cdot (1 + R + \varphi) \tag{7-3}$$

$$s.t (1 - \delta) q_n - y_n \leqslant 0$$

综合以上两种情况，零售商从融资活动得到的净现金流（流出或者流入）为：

$$K_n(q_n, \ y_n) = \begin{cases} w \cdot (y_n - q_n) \cdot (1 + r), \ 0 \leqslant q_n \leqslant y_n \\ w \cdot (q_n - y_n) \cdot (1 + R + \varphi), \ y_n \leqslant q_n \end{cases} \tag{7-4}$$

零售商在第 n 期的期望利润为：

$$G_n(q_n, \ y_n, \ I_n) = E[R_n(D_n, \ q_n, \ I_n) + K_n(q_n, \ y_n)] \tag{7-5}$$

每一期的库存和现金的状态变量的转换函数由以下公式决定：

$$I_{n+1} = [I_n + q_n - D_n]^+ \tag{7-6}$$

$$y_{n+1} = E[R_n(D_n, \ q_n, \ I_n) + K_n(q_n, \ y_n)]/w \tag{7-7}$$

因此零售商第 n 期最优值函数是最大化期望利润：

$$V_n(q_n, \ y_n, \ I_n) = \max_{q_n \geqslant 0} E[G_n(q_n, \ y_n, \ I_n) + V_{n+1}(q_{n+1}, \ y_{n+1}, \ I_{n+1})] \tag{7-8}$$

由于 N 是最后一期，对于 N+1 有：

$$V_{N+1}(q_{N+1}, \ y_{N+1}, \ I_{N+1}) = 0 \tag{7-9}$$

最后一期的最优值函数（目标函数）为：

$$V_N(q_N, \ y_N, \ I_N) = \max_{q_N \geqslant 0} G_N(q_N, \ y_N, \ I_N) \tag{7-10}$$

（二）零售商单期最优订货策略

零售商单期最优订货问题就是求解最后一期的最优订货策略，目标函数由公式（7-10）给出。为了使单期问题的公式和符号更加简洁，去掉相关公式符号的下角标 n。对于给定的初始库存和现金状态 (I, y)，零售商订货量为 $q \geq 0$，期末零售商最优订货策略可表示为以下非线性优化问题：

$$\max V(q, I, y) = p(I + q) - (p + h) \int_0^{I+q} (I + q - t) f(t) dt +$$

$$\begin{cases} w \cdot (y - q) \cdot (1 + r), & 0 \leq q \leq y \\ w \cdot (q - y) \cdot (1 + R + \varphi), & q > y \end{cases} \tag{7-11}$$

$$s.t (1 - \delta) q - y \leq 0$$

公式（7-11）的含义为期初库存和订货数量销售之后的收入，减去未销售完的商品的存储费用，再加上银行融资的净现金流。约束条件表示融资额度不能超过质押率限额。

公式（7-11）中目标函数 $V(q, I, y)$ 和约束条件是关于 q, I, y 的连续函数，将目标函数 $V(q, I, y)$ 分别对 q、I 和 y 求一阶微分、二阶微分和 Hessian 矩阵，可以得出公式（7-11）具有如下性质：

（1）并且当 $q \geq 0$ 时，对于所有的 I 和 y，此非线性规划是关于 q 的凸规划。

（2）目标函数 $V(q, I, y)$ 是关于 (I, y) 的凹函数，也是关于 y 的增函数。

上述性质说明公式（7-11）是关于 q 的凸规划。零售商的期望收益是关于最初状态 y 的增函数，即初始现金越多，获得的收益越高。给定初始状态 (I, y) 时，凸规划问题存在唯一最优解 q^*。公式（7-11）最优解的求解过程如下：

（1）当 $q < y$ 时，零售商没有必要借款，此时零售商面临的是无约束非线性规划问题。目标函数为 $V(q, I, y)$，令

$$\frac{\partial V(q, I, y)}{\partial q} = 0 \tag{7-12}$$

得到

$$F(I + q^*) = \frac{p - w(1 + r)}{p + h} \tag{7-13}$$

令

$$F^{-1}\left(\frac{p - w(1 + r)}{p + h}\right) = \alpha \tag{7-14}$$

则

$$q^* = \alpha - I \tag{7-15}$$

（2）当 $q > y$ 且 $q \neq y$ 时，零售商面临的是凸规划问题。凸规划问题最优解的充要条件是满足库恩–塔克（Karush–Kuhn–Tucker，KKT）条件（Hillier，Lieberman，2001）。引入 Lagrange 乘子 μ_1，再根据 q，μ_1 的取值范围求解 KKT 条件，可得：

①当 $q \neq 0$，$\mu_1 = 0$ 时，令

$$F^{-1}\left(\frac{p - w(1 + R + \varphi)}{p + h}\right) = \beta \tag{7-16}$$

得到

$$q^* = \beta - I \tag{7-17}$$

②当 $q \neq 0$，$\mu_1 \neq 0$ 时，令

$$F^{-1}\left(\frac{p - w(1 + R + \varphi) - \mu_1(1 - \delta)}{p + h}\right) = \tau \tag{7-18}$$

则

$$q^* = \tau - I = \frac{y}{1 - \delta} \tag{7-19}$$

（3）因为 $V(q, I, y)$ 在 $q \geq 0$ 上为连续函数，其一阶微分也为 $q \geq 0$ 上的连续函数，所以剩下的区间段最优解为 $q^* = y$。

（4）当 $I + y = 0$ 时，可推出 $I = 0$，$y = 0$，此时求得 $q^* = 0$。

$F^{-1}(X)$ 为 $F(X)$ 的逆函数，并且是关于 X 的增函数，根据公式（7-14）、公式（7-16）和公式（7-18），可推出 $\tau < \beta < \alpha$。

根据以上分析，给定初始状态 (I, y) 时，零售商最优订货量为：

$$q^* = \begin{cases} [\alpha - I]^+ & \alpha \leq I + y \\ [y]^+ & \beta \leq I + y < \alpha \\ [\beta - I]^+ & \tau \leq I + y < \beta \\ \left[\dfrac{y}{1 - \delta}\right]^+ = [\tau - I]^+ & 0 \leq I + y < \tau \end{cases} \tag{7-20}$$

根据公式（7-20），已知期初库存和现金，零售商最佳订货策略如下：

（1）当 $0 \leq I + y < \tau$ 时，最优的订货量是 $q^* = \dfrac{y}{1-\delta} = y + \dfrac{\delta y}{1-\delta}$，表明除去销售成本以后所有的可用现金用于订购 y 数量产品，剩下的订货量 $\dfrac{\delta y}{1-\delta}$ 需要向银行进行贷款，并且能够获得银行贷款的上限额度。

（2）当 $\tau \leq I + y < \beta$ 时，则最优的订货量为 $q^* = \beta - I = y + (\beta - I - y)$，其中有 y 数量是使用除去销售成本以后所有的可用现金订购的数量，剩下的数量 $(\beta - I - y)$ 是向银行进行借贷之后的订货量，此时向银行借款的数额为 $w(\beta - I - y)$。

（3）当 $\beta \leq I + y < \alpha$ 时，最优的订货量为 $q^* = y$，即除去销售成本后，所有现金用于订购，充分使用了现金。没有现金的无风险收入，也没有贷款。

（4）当 $\alpha \leq I + y$ 时，如果 $I < \alpha$，则最优的订货量为 $q^* = \alpha - I$，这些订货量使用现金支付，剩下的现金可以获得无风险利息。如果 $I \geq \alpha$，最优的订货量 $q^* = 0$，表示现金不用于订货，可以存入银行获得无风险利息。

假设当 $I = 0$ 时，最佳订货量是关于 y 的函数，如图 7-1 所示。

从图 7-1 可以看出当 $0 < y < \tau$ 时，最佳订货数量是斜率为 $\dfrac{1}{1-\delta}$ 的线段，获得银行最高的贷款额度；当 $\tau \leq y < \beta$ 时，最佳订货量为 β，只需要向银行申请低于最高额度的贷款；当 $\beta \leq y < \alpha$ 时，最佳订货量为 y，现金正好全部用完，无须借款；当 $y \geq \alpha$ 时，这时候资金充足有盈余，不需要进行借款。

将最优订货量公式（7-20）代入公式（7-11）的目标函数，即可得到给定初始状态 (I, y)，单期最优的利润函数为：

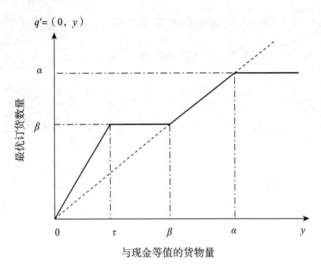

图 7-1 当 $I = 0$ 时，零售商最佳订货数量

$$V(I, y) = \begin{cases} pI - (p + h) \cdot T(I) + wy(1 + r), & I < \alpha \\ p\alpha - (p + h) \cdot T(\alpha) + w(I + y - \alpha) \cdot (1 + r), & I \geqslant \alpha, \ \alpha \leqslant I + y \\ p(I + y) - (p + h) \cdot T(I + y), & \beta \leqslant I + y < \alpha \\ p\beta - (p + h) \cdot T(\beta) + w(I + y - \beta) \cdot (1 + R + \varphi), & \tau \leqslant I + y < \beta \\ p\left(I + \dfrac{y}{1 - \delta}\right) - (p + h) \cdot T\left(I + \dfrac{y}{1 - \delta}\right) + w\dfrac{\delta y}{1 - \delta} \cdot (1 + R + \varphi), & 0 \leqslant I + y < \tau \end{cases}$$

$$\tag{7-21}$$

其中

$$T(I) = \int_0^I (I - t)f(t)\,dt \tag{7-22}$$

可以验证公式（7-21）是关于 (I, y) 的凹函数。

（三）多阶段最优订货策略

零售商多阶段最优订货策略是求解一个动态规划模型，零售商最终目标是使得整个动态周期的利润达到最大化，给定 I_n 和 y_n 的情况下，公式（7-5）的 $G_n(q_n, y_n, I_n)$ 是关于 q_n 的凹函数。因此公式（7-8）的最优值函数 $V_n(q_n, y_n, I_n)$ 是关于 I_n 和 y_n 的凹函数。令

$$\frac{\partial V_n(q_n, y_n, I_n)}{\partial q_n} = 0 \qquad (7\text{-}23)$$

可以得出零售商各阶段的最优订货数量为：

$$q_n^* = \begin{cases} [\alpha_n - I_n]^+ & \alpha_n \leq I_n + y_n \\ [y_n]^+ & \beta_n \leq I_n + y_n < \alpha_n \\ [\beta_n - I_n]^+ & \tau_n \leq I_n + y_n < \beta_n \\ \left[\dfrac{y_n}{1-\delta}\right]^+ = [\tau_n - I_n]^+ & 0 \leq I_n + y_n < \tau_n \end{cases} \qquad (7\text{-}24)$$

从公式（7-24）可以看出，每一阶段零售商最优订货策略与每一期期初的资源有关，资源包括库存和现金。当库存和现金能订购的数量大于 α_n 时，说明零售商期初资源充足，不需要通过电商平台融资，此时的最优订货策略是 $\alpha_n - I_n [\alpha_n - I_n]^+$；当初始资源介于 α_n 和 β_n 之间时，零售商可以充分利用期初资源，也不需要通过电商平台融资，最优的订货量即为现有资金能够订购的数量 y_n；当初始资源介于 τ_n 和 β_n 之间时，零售商期初资源不足，需要通过电商平台融资，但融资的额度小于最高限额，此时最优订货数量为 $[\beta_n - I_n]^+$；当初始资源介于 0 和 τ_n 之间时，说明零售商期初资源严重不足，不仅需要通过电商平台融资，而且需要最大限额的融资。从以上的分析中可以看出，零售商期初库存和可用现金越多，可以订购的货物数量越多。

供应链金融是解决中小企业融资困难的有效途径之一。随着电子商务的发展，基于电商平台主导的供应链金融模式发展迅速。基于电商平台的供应链金融体系可以有效地将物流、信息流、商流和资金流进行结合。本章首先建立了基于电商平台的供应链金融系统，其次建立了零售商在资金约束的情况下，面对需求不确定性，通过电商平台进行库存融资时，使得利润最大化的动态规划模型，分析了目标函数的性质，分别求解单期和多期各期最优的动态订货策略。结果发现，最优的订货策略与初始资源（库存数量和资金数量）有密切关系，根据初始资源的不同数量，有不同的最优订货策略。零售商可根据不同的初始库存和资金状态订购最优的产品数量，使自身利润达到最大化。

同时也说明电商平台供应链金融对缓解企业资金约束具有重要作用，企业在实际中可寻求与知名电商平台合作，订货时应整合所有的资源，充分利用库存融资模式，根据现有库存数量和现金数量来制定使得利润最大化的最优订货策略。企业应注意按时还款，积累信用，保持良好信誉，促使融资模式长期持续发挥作用，形成融资模式和订货策略的良性循环，增强竞争能力。

第三篇

策略篇

第8章 共建"一带一路"倡议下跨境电商物流发展策略分析

随着全球化进程的推进，跨境电子商务在国际贸易中扮演着日益重要的角色，引领着商业合作与交流的新潮流。中国，作为全球最大的制造和出口国之一，积极响应并推进共建"一带一路"倡议，旨在加强与沿线国家在经济、文化、政策等领域的协作，共同实现互利共赢的目标。在这一宏伟蓝图的背景下，跨境电商物流作为支撑跨境电子商务发展的关键要素，具有推动商品流通、信息交流和国际合作的不可替代性。

共建"一带一路"倡议为我国与沿线国家之间的经济互联互通创造了新的契机。通过加强区域间的贸易合作、投资交流和基础设施建设，各国间商业合作的深度融合与发展机遇逐步增多，为跨境电商物流的蓬勃发展提供了坚实基础。跨境电商作为共建"一带一路"倡议下的创新业态，借助电子渠道快速将商品和服务传递至全球，极大促进了全球市场的融合与发展。

本章旨在探究共建"一带一路"倡议对我国与沿线国家跨境电商物流发展的机遇和挑战，同时为推动这一领域的高质量发展提供相应策略。首先，从基础设施建设、贸易竞争优势互补、产业合作和经济发展等多个维度深入探讨共建"一带一路"倡议为跨境电商物流带来新的发展机遇。其次，分析当前我国与沿线国家跨境电商物流的现状，深入剖析其中面临的实际问题。再次，分析共建"一带一路"倡议下的跨境电商物流所面临的挑战，探讨制约因素的本质。最后，提出应对挑战的策略，为我国跨境电商物流的发展提供政策参考。

在全球化的大背景下，跨境电商物流将继续成为促进国际合作与互通的核心动力，引领全球商业的创新与进步。透过对共建"一带一路"倡议下我国与沿线国家跨境电商物流的分析，本章对我国跨境电商物流的进一步发展提供较深入的分析并提出有参考价值的策略建议。

一、共建"一带一路"倡议为跨境电商物流发展提供机遇

随着 21 世纪共建"一带一路"倡议的全面推进，跨境电商物流领域正迎来前所未有的广阔机遇。这一倡议旨在通过深化国际合作、促进基础设施建设、降低贸易壁垒，构建全球互利共赢的新型国际合作模式。在这一背景下，跨境电商物流作为经济发展和贸易合作的重要支撑，将获得更大的发展空间。本部分将探讨共建"一带一路"倡议为跨境电商物流发展带来的机遇，深入分析其在基础设施建设、贸易竞争优势、产业合作和地区经济发展方面的积极影响。

（一）基础设施建设：缩短物流时空距离

共建"一带一路"倡议致力于推动亚洲与欧洲、非洲等区域之间基础设施的互联互通，加快交通、能源、通信等领域的基础设施建设，这为跨境电商物流提供了新的发展机遇。基础设施建设在跨境电商物流发展中扮演着关键角色。历来，地区间的交通不便和基础设施不足一直制约着跨境电商物流的顺畅运作。然而，共建"一带一路"倡议积极倡导推动基础设施建设，这为克服物流时空距离带来了希望。高速铁路、公路网络和海港的完善，正在打破地理障碍，让货物穿越山川河流，将商贸往来变得更加迅捷。我国还一直建设跨境电商物流基地、海外仓与跨境电商物流产业园

区等（李红卫，2018）。

这种基础设施建设的实际成果是，我国西部省份和"一带一路"沿线国家的交通联系日益畅通，地区内外的交通互通将为跨境电商物流提供更加畅通的路径。不仅如此，基础设施的逐步完善也吸引了大量外部资金的涌入，推动着地区的经济增长。而这种经济增长又在一定程度上反哺了跨境电商物流的发展，形成了互惠的良性循环。

基础设施建设不仅使货物运输的时效性大幅提升，同时也显著降低了物流成本。过去，因为交通不便和通关烦琐，跨境电商物流的费用居高不下。然而，如今通过共建"一带一路"倡议的推动，货物的流通速度变得更加迅速，货运成本得到有效压缩。这不仅让跨境电商企业有能力提供更有竞争力的价格，也让商品更加便宜地抵达国际消费者手中，从而拉动了商品的交易量和市场需求。

此外，基础设施建设也带来了就业机会的增加。大规模的基础设施建设需要大量的劳动力，如建筑工人、工程师、技术人员等，这就为当地居民提供了更多的就业机会，有助于当地居民提高生活水平。基础设施建设也带动了相关产业的发展，如冶金、通信、交通等领域，对这些领域的产品需求也随之增加，进一步带动了市场的发展。

综上所述，基础设施建设在共建"一带一路"倡议的推动下，不仅缩短了跨境电商物流的时空距离，也降低了物流成本，为经济的合作与发展创造了更加有利的环境。随着基础设施建设的不断完善，跨境电商物流将进一步融通区域内外的商贸流通，推动着全球经济的共同繁荣。

（二）贸易竞争优势：资源互补与市场扩展

共建"一带一路"倡议为跨境电商物流带来了贸易竞争的优势，主要体现在资源互补与市场扩展方面。东临亚太经济，西连欧洲经济，沿线多个国家和地区，形成了一个世界公认的最具发展潜力的跨境电商经济地带。虽然共建"一带一路"倡议在推动东西方贸易往来的同时可能会使跨境电商面临激烈竞争，但同时也为跨境电商物流带来了宝贵的互补资源和市场扩展机遇。

"一带一路"沿线国家和地区拥有丰富的资源和产业特色,资源互补性非常强。跨境电商的崛起在一定程度上能够消除资源短缺的问题,实现资源的优化配置。沿线国家和地区在轻工业、重工业、农业等领域具备广泛的合作空间,通过跨境电商物流的平台,这些地区能够更加有效地共享资源,实现产业升级和经济增长。

而共建"一带一路"倡议涵盖的地理范围也为跨境电商物流市场的扩展提供了巨大的潜力。我国东部沿海城市与东欧大陆频繁的跨境电商往来,强化了沿线地区的基础设施配套建设,能够推进我国东部产能向沿线国家输出。同时,沿线国家尤其是东欧各国的先进科技也能够被引进国内,帮助我国产能结构优化,带动各个领域的互通发展。这种市场扩展的机遇为各国间的商贸合作提供了广阔的舞台,加快了全球贸易的步伐。

因此,共建"一带一路"倡议下的贸易竞争优势,通过资源的互补和市场的扩展,为跨境电商物流发展创造了良好的环境。这不仅有助于推动经济的共同繁荣,也为全球贸易的可持续发展提供了新的动力。随着资源的优化配置和市场的扩展,跨境电商物流将在共建"一带一路"倡议的引领下迎来更加广阔的发展前景。

(三) 产业合作:科技创新与产业升级

在共建"一带一路"倡议背景下,跨境电商物流发展不仅带来了贸易机遇,还促进了产业合作,尤其是在科技创新和产业升级方面。这种合作为各国提供了更广阔的发展空间,同时也推动了全球经济的创新与提升。

跨境电商物流的崛起催生了多领域的合作,其中最显著的是科技创新。沿线国家在科技研究、创新产业等方面拥有不同的优势,通过合作,可以促进科技创新的互补与共享。跨境电商物流平台为各国提供了开放的合作平台,促使技术与知识的流动。例如,我国东部沿海城市在电子商务、互联网技术方面具有丰富经验,而沿线国家如新加坡、韩国等则在高科技产业领域有着强大的创新实力。通过产业合作,可以使这些领域的优势相互补充，加快科技创新的步伐。

同时，产业升级也成为"一带一路"背景下的重要议题。通过跨境电商物流的便利，各国能够更加便捷地进行产业合作与升级。沿线国家之间的优势互补和资源共享，为产业升级提供了强大动力。特别是东北老工业基地等区域，在共建"一带一路"倡议下，可以通过加入跨境电商生态圈，实现产业的转型升级。这种合作不仅能够振兴当地的经济，还有助于形成特色产业集群，加速产业结构的优化。

产业合作不仅有助于各国的经济增长，还推动了全球经济的稳定发展。通过科技创新和产业升级，各国能够更好地提供适应市场需求的产品，并且不断提高产品和服务的质量，实现经济的快速增长。此外，产业合作也有助于加强国际的合作关系，促进经济交互循环发展，也促进各国文化的交流与融合，为区域和全球经济发展提供有利条件。

因此，共建"一带一路"倡议下的产业合作，有助于促进各国科技创新和产业升级。通过跨境电商物流的平台，各国能够共同推动科技的发展，实现产业的升级，促进经济的繁荣。这种合作不仅有利于个体国家的发展，也为全球经济的可持续发展奠定了坚实的基础。

（四）地区经济发展：新的增长引擎

共建"一带一路"倡议不仅在东北老工业基地，还在其他地区，如东部、北部等地区，引发了新的发展机遇。这些地区在共建"一带一路"倡议的框架下，通过跨境电商物流的协作，积极探索新的发展路径，为地区经济的振兴创造了新的增长引擎。

在东北老工业基地，尤其是在汽车、机床等重工业领域，虽然具有独特的产业优势，但传统经济模式使得技术创新和生产效率滞后，导致经济出现下滑态势。然而，通过将东北纳入远东跨境电商经济发展生态圈，与俄罗斯、蒙古、朝鲜等国家展开跨境电商经济合作，可以借助电商的新模式振兴工业，推动科技创新和产业升级。这种合作有望创造出独特的产业集群，通过技术引进与创新融合，为地方经济注入新的生机。

与此同时，东部、北部等地区也因共建"一带一路"倡议政策的推动而迎来新的发展契机。特别是在西部各省份，由于基础设施薄弱以及与东部沿海地区的经济差距，原本面临较大的发展难题。然而，共建"一带一路"倡议为西部地区大力发展跨境电商提供了有利条件。通过重启丝绸之路，有助于加强与沿线各国的紧密经济联系。这不仅有助于促进第三产业的发展，也促使西部地区向沿线国家输送农业和牧场资源，推动农产品加工贸易，从而推动西部地区电子商务产业的蓬勃发展，逐渐缩小与东部地区的经济差距。

综合来看，共建"一带一路"倡议为东北老工业基地以及东部、北部等地区带来了新的增长引擎。通过跨境电商物流的助力，这些地区得以积极应对传统产业模式带来的挑战，拥抱新的商业机会，加速技术创新和产业升级。这些地区将在共建"一带一路"倡议的引领下，逐步实现经济的复苏与繁荣，共同开创更加光明的未来。

二、共建"一带一路"倡议下我国与沿线国家跨境电商物流发展现状

当谈及共建"一带一路"倡议下我国与沿线国家跨境电商物流发展现状时，凸显的是这一战略的巨大影响。此倡议自 2013 年提出以来，不仅加速了我国与沿线国家的贸易合作，也为跨境电商物流领域带来了深刻的变革。我国地处亚欧交汇地带，借助共建"一带一路"倡议，沿线国家物流基础设施迅速完善，进一步推动了我国跨境电商物流的发展。这一战略倡导互联互通和合作共赢，使得我国与沿线国家之间建立了更紧密的合作伙伴关系。

共建"一带一路"倡议加速了我国与沿线国家物流基础设施的建设。举例而言，我国与哈萨克斯坦合资建设的连云港物流基地，成为中哈商贸合作的新通道，有效地缩短了物流时间，推动了两国物流市场的高速发

展。此外，新的铁路和公路网络的兴建，如"义新欧铁路"和"渝新欧铁路"，将亚欧大陆相连，为我国东部商品出口提供了更加便捷的通道。数据显示，我国跨境电商出口规模不断扩大，2021年出口物流规模预计将达到1.9万亿元，占市场规模的77%①。

通关制度的优化是共建"一带一路"倡议下跨境电商物流发展的另一亮点（刘小军等，2016）。我国不断完善通关政策改革，采取"三互"关口政策，实现信息共享、监管互认等政策，提高通关效率。特别是跨境电商的迅速发展，推动我国加快了通关改革的步伐。例如，广州市作为"三互"政策的示范城市，率先实现了互联网式的"易通关"模式，有效缩短了通关时间，提高了通关效率②。

我国与沿线国家的跨境电商物流合作逐步深化，形成良好的合作局面。在杭州首个跨境电商综合试验区建设成功后，类似的试验区在全国范围内逐渐建立，如在北京、成都等地陆续设立了综合跨境电商试验区。这些试验区通过推出一站式办理、无纸化通关等方式，促进了跨境电商物流的便捷发展。与此同时，我国还与巴基斯坦、马来西亚等国签署合作协议，共同推动物流基础设施建设，提升通关便利度，加深合作交流③。

总之，我国与沿线国家跨境电商物流发展现状在共建"一带一路"倡议的引领下取得了显著进展。基础设施建设、通关制度优化以及合作模式创新的相互协同，共同促进了跨境电商物流的蓬勃发展。这一发展势头不仅为我国经济增长注入了新动力，也为沿线国家的市场拓展和物流协作提供了重要机遇。未来，共建"一带一路"倡议将继续引领我国与沿线国家跨境电商物流的深入合作，实现更加互利共赢的发展局面。

---

① 数据来源：中国国际经济交流中心官方报告。
② 数据来源：中国邮政储蓄银行官方报告。
③ 数据来源：中共中央对外联络部官方报道。

三、共建"一带一路"倡议下我国跨境电商物流发展面临的挑战

在共建"一带一路"倡议的引领下，我国跨境电商物流迎来了显著的发展机遇，然而，这一进程并非毫无阻碍，下面将深入分析揭示我国与沿线国家跨境电商物流发展中的一系列问题与挑战。

（一）跨境电商物流通道基础设施建设滞后与不统一

我国在共建"一带一路"倡议下积极推动跨境电商物流发展，然而沿线各国在物流通道基础设施建设方面却面临着滞后与不统一的问题（赵先进等，2018）。这一挑战源于沿线各国在基础设施建设和标准上的差异，以及物流服务的专业性不足。

首先，沿线各国物流基础设施建设和服务水平参差不齐，导致跨境电商物流流程不够顺畅。一些国家的交通网络、仓储设施等基础设施建设滞后，无法满足跨境物流的需求，从而影响了物流运输的效率和顺畅性。此外，服务水平的不均衡也导致了在某些国家的物流环节中频繁出现延误和问题，进一步加剧了整个跨境电商物流的滞后性。

其次，物流通道基建的不统一性也制约了我国跨境电商物流的发展。不同国家之间的交通、航空、铁路等基础设施标准存在差异，使得物流通道的衔接和连接变得困难。这种不统一性导致了物流通道的中断、转运次数增多，从而使得跨境电商物流的成本增加，运输时间延长，货物损失和丢失的风险也相应增加。

（二）通关效率低、时间长

通关效率低和时间长的问题成为制约我国跨境电商物流的瓶颈之一。这一挑战源于跨境电商物流过程中的复杂性以及涉及的多国政策和程序差异。

首先，跨境电商物流流程涉及多个国家的政府部门和机构，因此通关环节较多且烦琐，导致通关效率不高。各国的通关流程、报关手续、验货检疫等环节不统一，使得物流过程中需要耗费大量时间来应对各种手续和程序，影响了物流的快速和顺畅。

其次，跨境电商物流通关时间长主要受到政策和流程的影响。由于不同国家对进出口商品的监管和检验标准存在差异，跨境电商物流通关周期较长。特别是在涉及商品检验、清关、结汇等环节时，由于程序烦琐，时间耗费较多，使得整个物流流程延长，影响了客户的购物体验和企业的运营效率。

此外，物流过程中的不确定性也导致通关时间的不稳定。因为各国政策法规的变化以及突发事件的发生，导致通关时间波动较大，难以预测。这不仅增加了企业的经营风险，还影响了客户的满意度和信任度。

（三）难以保障的售后服务体系

售后服务问题不容忽视。跨境电商产品的售后服务难以保障，给企业和消费者都带来了一系列挑战和困扰。

首先，跨境电商的交易涉及多个国家和地区，跨越国界的运输和通关过程使得物流售后服务具有复杂性。在跨境物流过程中，商品可能经历多次搬运、中转、检验和海关手续，这一系列复杂环节可能导致商品受损或延误，从而引发物流的售后问题。而不同国家和地区的法律法规、行业惯例不同，导致售后责任者的界定和售后服务流程存在差异，增加了售后服务沟通协调难度和解决问题的难度。

其次，跨境电商售后服务周期长，消费者需要等待较长的时间。由于物流售后服务涉及海关、查货、验货、退换货等环节，时间较长，消费者需要更多耐心和更多的时间等待售后处理结果，影响了消费者的购物体验进而降低满意度。

此外，跨境电商的售后服务难以及时响应，造成消费者信任度下降。由于不同国家和地区的时差、语言、文化等因素，消费者在售后问题发生时可能需要等待更长时间来获取回应和解决方案,这会使消费者对商家的信任感降低,对购买决策产生影响。

另外,跨境退换货的复杂流程也导致了物流售后服务困难。跨境电商涉及的退货、换货、退款等问题需要跨越国际边界,涉及的手续和程序相对复杂,增加了企业的运营成本和难度。

(四) 高运营成本与长运输时间

高运营成本与长运输时间成为制约其发展的重要因素。这一问题涉及多个环节,从物流流程到贸易成本都受其影响。

首先,跨境电商物流的高运营成本主要源自物流链条的复杂性。与国内物流相比,跨境电商"物流"涉及国际运输、海关通关、清关手续等多个环节,每个环节都需要投入大量人力、物力和时间,从而累积了高额的运营成本(李书峰,2020)。特别是海关和商检环节,其复杂的规定和程序使得企业需要支付更多的人力和金钱,进一步增加了运营成本。

其次,长运输时间也成为跨境电商物流的一大挑战。由于跨境物流需要经历多次中转、检验和通关等程序,商品的运输时间较长。这不仅延长了消费者等待商品的时间,也增加了企业的库存成本和资金占用成本。长运输时间还可能导致商品的陈旧和质量问题,影响消费者的购买体验和满意度。

此外,跨境电商物流中的运输风险也会导致成本的增加。商品在长途运输中可能面临丢失、损坏等问题,而这些问题需要企业承担更多的责任和成本。而且,在不同国家和地区的通关、报关、报检等流程中,可能会因为政策不同而增加额外的费用和时间,进一步加大了运营成本的压力。

(五) 贸易保护政策限制多

沿线国家和地区拥有不同的政策和法规,这导致了跨境电商的交易难以顺利进行,影响了物流流程和效率。

首先，不同国家的关税政策和进口限制形式多样。由于每个国家都有其独特的经济情况和发展需求，其对进口商品的关税政策和配额控制也各异。这使得跨境电商在进行国际贸易时，需要不断了解和适应各国的政策，增加了贸易风险和运营难度。

其次，各国的贸易标准和认证要求不同。沿线国家和地区对企业资质，进口商品的材料、质量、安全和环保等方面的要求存在差异，因此，跨境电商的商品需要满足多样化的认证和标准。这不仅增加了企业的成本，还可能导致商品的调整和适应性问题，影响物流和供应链的稳定性。

此外，一些国家实施了严格的进口许可制度，严格审查和审批跨境电商的商品，进一步延长了通关时间，增加了企业的运营成本。不同国家对知识产权保护和电子商务的监管也存在差异，可能产生知识产权风险以及是否合规的难题。

（六）沿线各国跨境电商物流技术不足

沿线各国跨境电商物流技术不足。这一问题源于沿线国家的数字化水平、信息技术应用和物流技术设施的不平衡，严重制约了物流效率的提升和跨境电商的发展。

首先，不同国家的数字化水平不同。一些沿线国家在信息技术应用方面相对滞后，缺乏先进的物流信息管理系统和电子数据交换平台。这导致了物流信息的不透明，通关和跟踪难度加大，影响了物流的可视化和高效性。

其次，物流技术设施不足。在一些沿线国家，物流基础设施建设滞后，仓储、配送、运输等环节存在瓶颈。缺乏先进的仓储管理系统、智能配送网络以及快速运输通道，使得物流流程受阻，运输时间长，难以满足跨境电商的快速发展需求。

此外，物流跨境数据共享不足。沿线国家之间的数据互联互通存在限制，信息孤岛现象比较普遍。这使得在跨境物流过程中，信息传递和数据共享困难，导致物流链条的不畅通，影响了物流的准确性和效率。

（七）跨境支付体系不健全

跨境支付体系不健全这一问题涉及支付方式、货币转换、支付安全等多个方面，影响着跨境交易的顺利进行和商业活动的稳定发展。

首先，不同国家间支付方式存在差异。沿线国家在支付方式上可能采用不同的制度和技术，这导致了支付方式不统一，增加了跨境电商的支付难度。不同国家的支付习惯、支付工具以及支付接口标准的差异，使得跨境电商企业在进行支付时需要同时适应多种支付方式，增加了支付的复杂性和成本。

其次，货币转换问题影响着跨境交易的顺利进行。由于不同国家拥有不同的货币体系，货币之间的兑换存在汇率风险和成本。跨境电商企业在进行货币兑换时需要考虑汇率波动，同时还需要支付一定的汇兑费用，这可能使交易变得昂贵和不稳定。

此外，跨境支付的安全性也是跨境电商贸易的重要方面。在跨境交易中，涉及的信息传递、资金流转等环节都存在一定的风险，如支付信息泄露、资金被盗等。不同国家的支付监管标准和安全技术水平不同，可能会导致跨境支付安全隐患增加，影响了消费者和商家的信任感。

（八）跨境电商物流人才培养不足的问题

随着跨境电商的迅猛发展，为了推动物流业务的有效运行和提升国际贸易合作水平，急需具备跨境物流知识和技能的人才，然而现实中的人才供给与市场需求之间存在差距。

首先，跨境电商物流的复杂性需要具备多方面知识的人才。跨境物流涉及国际贸易法律法规、国际运输方式、海关通关流程、货币兑换风险等多个领域，要求从业人员具备综合性的跨境物流知识和能力。然而，当前国内培养跨境物流人才的专业教育体系尚未完全成熟，很多高校的课程设置不足以满足复杂多样的跨境物流业务需求。

其次，跨境物流领域对于高素质人才的需求日益迫切。随着共建"一带一路"倡议的推进，我国与沿线国家的贸易合作不断扩大，跨境物流业务呈现出多样化、复杂化的发展趋势。然而，当前的跨境物流人才培养数量与质量都难以满足这一快速增长的需求，导致企业在招聘和培训方面面临困难。

此外，跨境物流人才的培养还面临着国际竞争的挑战。随着全球物流业务的国际化，各国都在积极培养拥有跨境物流知识和技能的人才，而我国的跨境物流人才培养进程相对滞后，难以与国际市场保持竞争优势。

四、共建"一带一路"倡议下的跨境电商物流发展策略

（一）跨境电商物流联盟合作平台建设

在共建"一带一路"倡议的引领下，为促进我国跨境电商物流的协同发展，建设跨境电商物流联盟合作平台显得尤为迫切。这一策略的核心在于搭建一个综合性的合作平台，旨在推动沿线国家的跨境电商物流企业实现信息共享、资源整合和协同创新，以解决当前面临的各类挑战。

跨境电商物流联盟合作平台的建设意味着跨境电商物流企业之间将形成更紧密的合作网络（曹允春等，2020）。这将通过互联网技术和数据共享实现信息的高效流通，使得各企业能够准确了解市场需求、货物流向和物流环节中的瓶颈。通过实现信息的实时共享，企业可以更好地规划运输路线、提前预测库存需求，从而提高整体物流效率。

联盟平台也将成为资源整合的重要枢纽。通过联合资源，企业可以共同利用各自的优势，优化运输方案、降低运营成本。举例而言，一家企业可能在跨境物流上具备较强的运输能力，而另一家企业则擅长仓储管理，通过合作，可以形成更高效的运作模式，降低整体成本。

而在创新方面，跨境电商物流联盟合作平台将为企业提供一个共同创

新的平台。通过共同研发新技术、新模式，可以解决当前物流过程中的痛点问题，例如通关效率低、时效不稳等。同时，也可以探索运用人工智能、大数据等新技术，优化物流路径，提升预测能力，为物流业务的未来发展奠定坚实基础。

此外，建设跨境电商物流联盟合作平台还有助于推动标准的统一。跨境贸易中，不同国家、地区的跨境电商物流标准不同，妨碍跨境电商贸易和物流的发展。通过联盟平台，各方可以共同制定统一的行业标准，降低因标准不一致而产生的沟通成本，提高合作效率。

总之，在共建"一带一路"倡议下，建设跨境电商物流联盟合作平台可以促进跨境电商物流发展。通过信息共享、资源整合、协同创新和标准统一，这一平台将为跨境电商物流行业的协同合作提供强有力的支持，从而进一步提升整体效率，降低成本，促进行业的健康发展。

（二）贸易政策协调与合作

在共建"一带一路"倡议的背景下，贸易政策的协调与合作成为促进跨境电商物流发展的重要方向。跨境电商涉及多国之间的贸易，不同国家的政策限制和标准差异常常成为阻碍。因此，应该加强国际合作并且建立顺畅的贸易政策的协调机制。

首先，各国应加强政策协调，推动贸易便利化。通过对接贸易政策，减少关税、清关时间，降低贸易壁垒，实现跨境电商商品的快速流通。此外，可以建立一套透明、稳定的贸易规则，改善跨境电商物流经营环境，提升消费者的购物体验和满意度，激发投资者、跨境电商企业、物流企业的热情。

其次，通过多边合作，加强国际的贸易合作。积极参与国际组织和机构，推动制定跨境电商领域的国际标准和规则，减少因国别间差异而产生的制度性障碍。倡导开放、公平、透明的贸易环境，促进各国共同发展，实现互利共赢。

进一步，构建跨境电商互惠机制。通过双边或多边协议，推动跨境电商合作，加强信息共享，提高合作伙伴的互信程度。共同应对风险，共享机遇，为企业提供更加稳定、可预期的经营环境。

在贸易政策和合作方面，我国应主动参与国际经贸规则的商讨和制定，提升贸易政策的公平度、开放度和透明度。与此同时，加强与"一带一路"沿线国家的政策协调，积极寻求多边合作机会，推动共同建设开放型世界经济，保障跨境电商物流的顺畅发展。

（三）基础设施建设与合作

在推动共建"一带一路"倡议下的跨境电商物流发展过程中，基础设施建设与合作是关键一环。优化物流基础设施，提高运输效率，为跨境电商提供高效可靠的物流通道，对于促进贸易便利化和合作共赢至关重要。

首先，加强国际的基础设施合作。通过多边或双边合作机制，推动基础设施建设的互联互通，包括交通、通信、能源等领域的合作，确保跨境电商的货物顺畅流通，降低物流成本。

其次，注重重点地区的基础设施投资。根据"一带一路"沿线国家和地区的实际情况，选择重点发展的地区，加大基础设施建设的投资力度，提高物流通道的质量和效率。在基础设施建设中，充分考虑环保和可持续发展，打造绿色、智能、高效的物流通道。

进一步，推动数字基础设施的发展。加强信息技术的应用，建设跨境电商物流信息共享平台，提高跨境物流的透明度和可追溯性，降低信息不对称带来的风险，为物流运作提供数字支持。

在基础设施建设与合作方面，建议我国与"一带一路"沿线国家加强政策沟通，推动基础设施合作的深化。在选择投资项目时，要充分考虑各方的利益，促进共同发展。同时，注重技术创新，推动数字化基础设施的建设，提升物流通道的智能化水平，为跨境电商物流的发展提供有力支持。

（四）通关流程优化与电子化

在共建"一带一路"倡议下，跨境电商物流发展的策略之一是优化通关流程并推进通关电子化。通关是跨境电商物流的关键环节，优化通关流程和推进通关电子化能够显著提升物流效率，降低成本，促进贸易便利化。

首先，提升通关流程的标准化和加强协调机制。推动各国在共建"一带一路"倡议框架下加强合作，制定统一的通关标准和流程，降低通关的不确定性，提高通关效率。通过信息共享，实现跨境电商货物的快速通关，减少时间和资源浪费。

其次，推进通关电子化。借助先进的信息技术，建立跨境电商物流的电子化通关系统，实现数据的实时交换和共享。引入电子单证、电子支付等创新手段，减少纸质文件的使用，简化通关流程，提高通关的速度和准确性。

进一步，加强通关人员培训和技术支持。提供相关培训，培养专业通关人员，提升其通关业务的水平和素质。同时，提供技术支持，为通关电子化提供技术保障，确保系统的稳定运行。

（五）售后服务体系的建立

售后服务对于跨境电商的发展至关重要，它不仅能够提升消费者的购物体验，还能增强消费者对跨境电商的信任感，推动行业的可持续发展。

首先，建立多渠道、顺畅沟通的售后支持体系。跨境电商企业应设立多种联系渠道，如在线客服、热线电话、电子邮件等，以便消费者随时随地获取售后支持。同时，跨境电商应该与物流合作伙伴建立紧密联系，确保在发生问题时能够快速响应和解决。

其次，推动跨境退换货流程的简化和优化。制定明确的退换货政策，降低退换货的门槛，为消费者提供便捷的退换货通道。通过电子化流程，加速退换货的处理速度，减少因此产生的不必要成本和时间消耗。

进一步，提升售后服务的质量和效率。跨境电商企业应加强内部培训，培养专业的售后服务团队，确保他们具备足够的产品知识和解决问题的能力。利用技术手段，提供在线售后指导和教程，帮助消费者自行解决常见问题。

（六）跨境物流技术合作与创新

在共建"一带一路"倡议的框架下，跨境电商物流发展需要通过技术合作与创新来实现更高效的运作和更优质的服务。

首先，促进跨境技术合作。不同国家和地区在技术领域拥有不同的优势和资源，通过合作可以实现资源共享和互补。跨境电商企业可以与物流科技公司、信息技术企业等合作，共同研发和应用物流信息系统、大数据分析等技术，以提升物流效率和数据安全性。

其次，推动跨境物流创新。跨境电商物流需要不断探索新的模式和方法，以适应不同国家间的物流特点。企业可以借鉴其他国家的成功经验，开发适合自身的创新模式，如智能仓储管理、智能配送系统等，以提升物流效率和服务水平。

进一步，加强技术标准的制定和推广。各国在物流技术标准方面可能存在差异，因此需要在共建"一带一路"倡议框架下进行技术标准的协调和推广。制定统一的物流技术标准可以降低各种技术障碍，促进物流信息共享和合作。

此外，政府可以制定支持创新的政策和法规，鼓励企业在跨境电商物流领域投入更多的研发资金。建立跨境电商物流技术交流平台，分享和交流各国间技术和成功经验，以促进跨境电商物流领域的技术合作与创新，从而提升跨境电商物流的效率和竞争力，促进跨境电商物流的发展。

（七）建立健全的跨境支付体系

在共建"一带一路"倡议的推动下，跨境电商物流发展需要建立健全的跨境支付体系，以便更好地支持国际贸易和跨境交易。

首先，促进支付渠道互联互通。建立跨境支付平台，实现不同国家和地区支付渠道的汇集和互联互通，可以降低支付的成本和缩短时间，提高支付效率和便捷性。政府应加强与各国支付企业或机构的合作，提供多样化支付渠道和各支付渠道的互联互通。

其次，确保支付安全和增强风险防范措施。跨境支付涉及多个国家的法规和金融监管，需要确保支付的安全性和合规性。应建立跨境支付的安全屏障，建立风险识别、评估、管理和监督机制，加强风险防范措施，升级反欺诈技术，提升支付的安全性，降低风险。

进一步，推动支付创新与数字货币应用。利用人工智能、云计算、区块链等新兴技术，升级跨境支付技术和创新跨境支付方式，提高跨境支付的效率和降低跨境支付成本，提升跨境支付的透明度。政府应积极探索货币数字化、数字货币的使用与规范，支持和扩大数字货币在跨境支付中的应用，提供更为便捷的支付方式。

此外，建立跨境支付标准和规范。各国间不同的支付技术、支付渠道和支付方式，对跨境电商贸易和跨境电商物流存在一定的阻碍。制定统一的跨境支付标准和规范，有助于降低不同国家支付体系之间的阻碍，提升支付的协调性和一致性。政府可以与各国政府、国际组织和相关行业协会合作，共同参与和制定跨境支付的标准和规范。

建立健全的跨境支付体系，在共建"一带一路"倡议框架下，为跨境贸易提供更加便捷、安全、可靠、高效的支付方式，为跨境电商物流提供金融支持和保障，有助于国际贸易和跨境电商的发展，进而促进我国的跨境电商物流业务的蓬勃发展。

（八）跨境电商物流人才培养与合作

在共建"一带一路"倡议的背景下，为了支持跨境电商物流的发展，培养和引进跨境电商物流领域的专业人才至关重要。

首先，建立跨境电商物流人才培养体系。政府可以与高校、培训机构等合作，开设相关课程和专业，培养具备国际贸易、物流管理、电子商务等领域知识的专业人才。培养计划可以包括学历教育、职业培训和实习实训等多种形式，以满足跨境电商物流业务的多样化需求。

其次，推动国际合作与交流。与"一带一路"沿线国家和地区加强人才培训合作，促进人才的互联互通。可以设立跨境电商物流领域的人才交流项目，鼓励专业人才在不同国家之间的交流学习，从而拓宽视野、积累经验。

进一步，鼓励跨境电商企业参与人才培养。政府可以鼓励跨境电商企业与高校、培训机构等合作，提供实习、实训、就业机会，帮助学生和专业人才更好地了解跨境电商物流行业的实际运作，培养实际操作能力。

此外，加强跨境电商物流人才评价和认证。建立跨境电商物流专业人才的评价体系，认定符合条件的人才，可以增强专业人才的竞争力和吸引力。政府可以与行业协会、企业等共同制定人才评价标准，为人才提供更多的职业发展机会。

通过跨境电商物流人才培养与合作，可以为跨境电商物流业务输送优秀人才，提高行业整体素质和竞争力。同时，也有助于推动我国在共建"一带一路"倡议框架下的跨境电商物流业务的可持续发展，实现人才资源的优势互补和共赢合作。

（九）跨境物流数据安全保障

在共建"一带一路"倡议下，跨境电商物流的发展离不开大量的数据交换和信息传输。为了确保跨境物流数据的安全和保障。

首先，建立跨境物流数据保护法律体系。各国可以加强合作，共同制定和完善跨境物流数据保护法律法规，确保跨境电商物流的数据收集、存储、传输和使用都遵循规范和合法的原则，保护消费者和企业的隐私权。

其次，推动信息技术和数据加密技术创新。加强国际合作，推动信息技术和数据安全技术的创新，研发更加安全可靠的数据加密和防护技术，防止数据泄露和非法访问，保障跨境物流数据的安全性。

进一步，建立跨境物流数据共享机制。各国可以探讨建立跨境物流数据共享平台，促进跨境电商物流各环节的数据共享和信息流通。这有助于提高物流效率，减少信息孤岛，促进各方合作。

　　此外，加强人才培养和知识普及。培养跨境电商物流领域的数据安全专业人才，提高数据保护意识。同时，开展相关的培训和宣传活动，让跨境电商从业者了解数据安全的重要性，采取相应的措施保护数据。

　　通过以上保障跨境物流数据安全的策略，可以有效保障跨境电商物流数据的安全性，降低数据泄露的可能性和风险，提高企业和消费者的信任度。同时，也有助于提升信息共享程度，促进跨境电商物流的发展。

第9章 共建"一带一路"倡议下中国国际物流供应链韧性提升路径

在全球化和信息技术的推动下,物流供应链的重要性在国际贸易和经济发展中越发凸显。然而,随之而来的是日益复杂多变的市场环境、全球性挑战以及外部冲击的增加,这些因素对物流供应链的稳定性和适应性提出了更高的要求。在这个背景下,提升物流供应链的韧性成为一个不可忽视的议题,特别是在中国积极推进共建"一带一路"倡议的大背景下。共建"一带一路"倡议作为中国的重要战略,旨在加强与沿线国家的合作,推动基础设施建设和贸易合作,实现共同发展。在这一进程中,物流供应链发挥了重要的作用。物流供应链作为连接生产、流通和消费的纽带,承担着物流信息传递、货物流通和价值创造的重要任务。然而,随着供应链的全球化和物流网络的扩展,供应链韧性的重要性也越发凸显出来,特别是在中国积极推动共建"一带一路"倡议的背景下,物流供应链韧性的提升显得尤为重要。

供应链韧性不仅关乎抵御外部冲击和风险,更关注于供应链系统在面对外部环境变化时的适应能力和持续发展能力。在全球化的物流环境下,供应链的稳定性与适应性成为企业和国家实现可持续发展的关键要素。特别是在面对突发事件、自然灾害、政治变动等外部冲击时,具备韧性的物流供应链能够更好地保障货物流通,维持市场稳定,促进经济增长。这样的环境下,保障供应链的稳定和灵活性,成为国际贸易的关键要素。而共建"一带一路"倡议作为中国的重要战略,为中国国际物流供应链的韧性的提升提供了广阔的空间和机遇。

本章将深入探讨共建"一带一路"倡议对中国国际物流供应链韧性提升的作用和路径选择。通过分析当前物流供应链面临的挑战和共建"一带一路"倡议对其的影响,我们将探讨如何优化物流网络、增强供应链适应性,以及有效提升物流供应链的韧性,为中国在全球贸易和物流领域的发展提供有益的思路和借鉴。

一、共建物流供应链韧性的概念和特征

在当今经济全球化的背景下,供应链韧性日益成为企业和国家成功应对外部冲击和风险的关键能力。作为供应链管理的重要理论和实践领域,物流供应链韧性在企业抵御不确定性和应对风险方面发挥着至关重要的作用。

(一) 韧性:应对变革与挑战的动态能力

韧性(Resilience)作为一个多学科交叉的概念,最早来源于生态学,用于描述一个生态系统在受到外部冲击后,恢复并保持其原有状态的能力。随着时间的推移,韧性的概念逐渐渗透到其他领域,包括供应链管理。在供应链领域,韧性被定义为一个系统或组织在面对不确定性、冲击或挑战时,通过适应性、恢复性和学习性等能力,维持其稳定性、可持续性和竞争力(Christopher,2016)。

韧性不仅仅是对单一冲击的反应,更是系统面对各种不确定性和冲击时的适应性能力。它强调了系统的灵活性、适应性和恢复能力,以应对复杂多变的环境变化。韧性的提升不仅仅是单纯的抵御风险,更是通过调整和变革,实现更好的适应性和可持续性。

(二) 供应链韧性:适应性与稳定性的综合能力

供应链韧性(Supply Chain Resilience)是韧性概念在供应链领域的应

用和拓展。许多学者从不同的角度提出供应链韧性的内涵。从基础资源观和动态能力角度来看，Chowdhury 等（2017）认为供应链韧性主要指供应链系统及时整合关键资源和动态能力来预防、应对危机并迅速恢复的能力。宋华（2023）则认为供应链韧性有宏观和微观之分。微观的供应链韧性是立足于企业或组织的视角，强调供应链运营的高效与稳定，而宏观的供应链韧性则是站在产业乃至国家层面，关注的是产业体系的安全与高质量发展。供应链韧性表征供应链结构或功能对复杂性的适应性，是供应链适应社会环境变动复杂性的能力，复杂整体性是它的属性（盛昭瀚等，2022）。

本书认为供应链韧性指供应链系统在面对外部冲击、风险和不确定性时，能够迅速适应变化、有效恢复运作并保持核心功能的能力。这种能力使得供应链能够在动荡、变化的环境中保持稳定性，继续满足客户需求并实现持续性的运营。供应链韧性包括多个方面的能力，如供应链的抵抗能力、恢复能力、适应能力、学习能力、预测能力等。抵抗能力指的是供应链在面对冲击时的抵抗和防御能力；恢复能力强调供应链在受到冲击后，能够快速恢复正常运营；适应能力要求供应链能够根据环境变化灵活调整战略和运营方式；学习能力强调供应链在面对冲击后能够从经验中吸取教训，不断改进和创新；预测能力要求供应链具备对潜在风险的预见性，以提前做出调整和准备。供应链韧性超越了简单的应急响应，强调供应链在应对多样化和复杂性冲击时的灵活性、适应性和持久性。供应链韧性不仅关注单一企业的韧性，更关注整个供应链网络的韧性。它要求供应链各环节之间具备高度的协同性和操作性，以应对外部环境的变化和不确定性。

（三）物流供应链韧性：应对挑战、保障稳定的关键能力

物流供应链韧性（Logistics Supply Chain Resilience）指在动荡、不稳定和不确定的环境中，物流供应链系统能够保持核心功能、稳定运作并迅速适应变化的能力，是供应链韧性在物流领域的具体应用。它强调在物流活动的各个环节中，通过合理的规划、资源配置和运营管理，提高物流供

应链面对外部不确定性和冲击的能力。物流供应链韧性涵盖了供应链中的物流运输、仓储、配送等环节，以及与之相关的信息流和资金流。

物流供应链韧性的关键要素包括：①冲击抵御能力：物流供应链韧性使得供应链能够预测、防范和减缓外部冲击，如自然灾害、交通中断、政策变化等。它能够采取措施来降低冲击的影响，并避免中断。②快速适应与恢复：韧性的供应链在受到冲击后能够快速适应变化并恢复正常运作。它能够灵活调整物流路线、供应商、运输模式等，以减少中断的时间和影响。③多样化和弹性：物流供应链韧性强调多样性，包括多样的供应商、多条物流路线、多种运输方式等。这种多样性使得供应链能够在某一环节受到冲击时转而采用其他途径。④信息共享与合作：韧性的供应链倡导信息共享和合作，使得各个环节之间能够更好地协调和合作，以应对挑战并减轻风险。⑤持续学习和改进：物流供应链韧性要求持续学习和改进，从每一次冲击和挑战中吸取教训，以进一步提高适应性和抵御能力。

综上所述，物流供应链韧性是应对不稳定性和挑战的关键能力，它涵盖了供应链各个环节的适应性、灵活性和抵御能力，有助于保障持续的物流运输和供应，同时增强企业在竞争激烈的市场中的竞争力。

共建"一带一路"倡议涉及范围广泛，涵盖了多个国家、地区和产业，面临着来自各种环境和市场的挑战，因此需要提高供应链的适应性和灵活性，从而取得竞争优势并实现可持续发展。通过强化物流供应链韧性，企业和国家可以更好地应对外部环境的变化和挑战。

二、共建"一带一路"倡议下中国国际物流供应链韧性面临的挑战

中国国际物流供应链作为全球贸易和经济一体化的关键环节，正面临着日益复杂多变的挑战。在全球化的背景下，供应链的韧性成为确保持续稳定运作和应对外部冲击的重要因素。中国在全球供应链中的安全性和韧

性不足(宋华等,2022),面临诸多挑战。中国国际物流供应链韧性提升面临的挑战包括政策、技术、环境、社会等多个维度。

(一)地理跨度大和文化差异

中国国际物流供应链韧性的提升面临着地理和文化环境方面的重大挑战。共建"一带一路"倡议涵盖了欧亚大陆和非洲等广阔地域,不同国家和地区的地理跨度巨大,而这种广泛的地理覆盖带来了多重挑战。

首先,地理跨度的巨大性带来了物流运输的复杂性和延迟。不同地区之间的距离和地理条件的多样性意味着货物的运输时间和成本都可能存在较大的波动。例如,从中国到欧洲的陆路运输需要穿越多个国家和地区,涉及不同的运输方式和运输环境,从而增加了货物运输的不确定性和风险。此外,一些偏远地区的基础设施不足也可能导致物流运输的效率低下和延误,进一步加剧了供应链韧性的挑战。

其次,地理跨度带来了文化差异,这可能影响合作、沟通和协调。不同国家和地区的文化背景、语言习惯以及商业风俗可能存在差异,可能导致信息传递和合作过程中的误解和障碍。这些文化差异可能影响供应链伙伴之间的合作关系,甚至影响到战略决策的制定和执行。因此,在建设跨国供应链时,必须充分考虑文化因素,进行有效的跨文化交流和合作。

最后,地理跨度也带来了政策和法律差异。不同国家和地区的政策和法律环境各异,可能导致货物通关时间延长和供应链运作的不确定性。例如,海关和边境程序的不同可能导致货物的通关时间较长,增加了供应链运输时间和成本。此外,不同国家的贸易政策、税收政策等也可能影响到供应链的运作和效益,需要在供应链规划和决策中进行综合考虑。

(二)基础设施和运输挑战

在中国国际物流供应链韧性提升的过程中,基础设施和运输方面的挑战是不容忽视的重要问题。基础设施建设和运输体系的健全与否直接影响着物流的效率、成本和稳定性,因此在推进共建"一带一路"倡议的过程中，面临着一系列与基础设施和运输相关的挑战。

首先，基础设施建设的不平衡性可能导致物流运输的瓶颈和效率低下。虽然共建"一带一路"倡议鼓励沿线国家进行基础设施建设，但不同地区的基础设施水平差异较大。一些地区的交通、能源、通信等基础设施相对滞后，可能导致货物运输的瓶颈和延误。例如，交通拥堵、道路状况不佳等问题可能导致货物运输时间增加，影响供应链的稳定性。此外，能源供应不稳定也可能影响运输的可靠性，进一步增加了供应链的风险。

其次，跨境运输的复杂性可能增加货物运输的不确定性。跨越多个国家和地区的货物运输可能涉及不同的运输方式，通关程序和政策要求不同，从而增加了货物运输的复杂性和不确定性。货物在跨境运输过程中可能面临通关延误、运输中断等问题，进一步影响了供应链的韧性。例如，不同国家的税收政策、进口限制等可能导致货物通关时间延长，增加了供应链运营的不稳定性。

最后，运输成本的波动性可能影响供应链的可持续性。由于不同地区的运输成本、燃料价格等因素存在波动，货物运输的成本可能会出现较大的波动，进而影响供应链的经济效益和可持续性。高昂的运输成本可能增加了物流的负担，降低了供应链的竞争力。此外，汇率波动也可能对跨国货物运输的成本产生影响，进一步加大了供应链运营的不确定性。

（三）供应链管理和合作挑战

在中国国际物流供应链韧性提升的过程中，供应链管理和合作方面的挑战是至关重要的议题。供应链的高效运作和合作能力直接关系到物流运输的稳定性和韧性，而在推进共建"一带一路"倡议的背景下，供应链管理和合作面临着一系列挑战。

首先，供应链的跨国性和多样性可能导致合作伙伴之间的协调困难。中国国际物流供应链涉及不同国家和地区的众多合作伙伴，包括生产商、供应商、物流服务提供商等。不同合作伙伴之间可能存在文化差异、法律法规不同等问题，导致协调和合作变得复杂。供应链的合作伙伴需要在面对不同环境和要求时保持高度的协调和沟通，以确保供应链的稳定运营。

其次，供应链的信息流、资金流和物流之间的协调可能面临困难。供应链中的信息流、资金流和物流是密切相关的，而不同环节之间的协调可能受到信息不对称、资金流动难、物流延误等问题的影响。信息的及时传递和准确性对于供应链的稳定运行至关重要，而缺乏协调可能导致信息滞后、资金链断裂等问题，影响供应链的韧性。

最后，供应链中可能存在缺乏透明性和可追溯性的问题。在供应链中，特别是跨国供应链中，可能存在产品质量、安全等方面的问题，而缺乏透明性和可追溯性可能导致问题的延误和扩大。在推进共建"一带一路"倡议的过程中，要确保供应链中产品的质量和安全，需要建立起透明的信息传递和溯源机制，以提高供应链的韧性。

此外，政策和法规的不确定性也可能影响供应链的合作和管理。不同国家和地区的政策和法规不同，可能对供应链的运作产生影响。政策和法规的变化和不确定性可能导致供应链合作伙伴的调整和变动，进而影响供应链的稳定性和韧性。为了应对这一挑战，供应链合作伙伴需要密切关注政策和法规的变化，做好应对准备。

（四）风险和不确定性挑战

在中国国际物流供应链韧性提升的过程中，风险和不确定性是一个重要的挑战，直接影响着供应链的稳定性和可持续性。这些风险和不确定性可能来自多个方面，对供应链的各个环节产生影响。

首先，全球供应链面临的地缘政治风险和国际关系不确定性可能对供应链的稳定性造成冲击。随着中国积极推进共建"一带一路"倡议，供应链跨国经营的程度增加，但同时也面临着不同国家政策变化、贸易摩擦、地缘政治紧张等风险。这些风险可能导致供应链合作伙伴之间的关系紧张，甚至中断供应链运作，影响物流运输的正常进行。

其次，市场需求波动和消费者行为变化可能导致供应链的不稳定性。

中国国际物流供应链涉及多个国家和地区的市场，不同地区的市场需求波动和消费者行为变化可能对供应链的产品需求产生不确定性。供应链在面对市场需求的变化时需要及时调整，但缺乏准确的市场预测和及时的信息传递可能导致库存积压或缺货问题。

（五）新兴技术和数字化转型挑战

随着第四次工业革命的迅速崛起，新兴技术如人工智能、物联网、区块链等正深刻地改变着全球供应链的格局与运行方式。然而，这些前沿技术的引入也为中国国际物流供应链的韧性提升带来了一系列复杂而迫切的挑战，迫使利益相关者必须制定精准的战略决策和规划方案，以确保数字化转型在提升韧性的同时实现长期的可持续发展。以下是与新兴技术和数字化转型相关的关键挑战：

第一，技术选型和集成挑战。新兴技术的迅猛发展为供应链带来了多种选择，然而，在多样性中做出明智的技术选型并将这些技术有效地集成，是一个需要深思熟虑的挑战。未经慎重考虑的技术选型和不当的集成可能导致资源浪费、系统复杂性增加以及业务流程的混乱。

第二，数据安全和隐私保护。数字化转型使得供应链生成了大量敏感数据，如交易信息、物流数据和客户信息等。如何确保这些数据的安全性和隐私性，防止数据泄露和滥用，是一项具有迫切性的任务。跨国供应链更需要考虑不同国家的数据法规和隐私保护标准的差异，以确保数据合规性。

第三，技术更新和培训。新兴技术的迅速演进要求供应链持续跟进技术的最新进展，但这也需要相应的培训和人才储备。确保供应链团队具备足够的技术知识和能力，以适应技术变革，是一项关键性挑战。

此外，系统复杂性和互操作性。数字化转型可能涉及多个系统和平台的应用，这些系统之间的互操作性可能成为一个问题。如何在系统复杂性和互操作性之间寻找平衡，确保系统之间的无缝衔接、信息的流畅传递以及实时数据的交互，是一个需要解决的技术难题。

（六） 自然灾害和突发事件挑战

自然灾害和突发事件是中国国际物流供应链韧性提升过程中的重要挑战，其影响可能不仅局限于特定地区，还可能对全球范围内的供应链运作产生连锁反应。这一挑战涵盖了自然灾害风险以及突发事件的不确定性，对供应链的各个层面产生深远影响。

第一，自然灾害风险。在中国的广袤土地上，地震、洪水、台风等自然灾害是常见的风险因素。这些灾害可能导致基础设施破坏、交通中断、供应链节点关闭，进而造成原材料供应中断、生产延误和物流运输问题。例如，地震可能破坏交通设施和仓储设施，使得物资运输无法正常进行，进而影响到生产和交付。洪水和台风可能导致供应链的中断，尤其是对位于沿海地区或水灾易发区域的供应链而言，其供应链的稳定性和韧性都将面临巨大考验。

第二，突发事件。突发事件如流行病爆发、政治冲突、恐怖袭击等也可能对供应链产生严重干扰。特别是在全球化背景下，供应链常常跨足多个国家和地区，这意味着突发事件可能在全球范围内蔓延。举例来说，新冠肺炎疫情对全球供应链造成了巨大冲击，导致工厂关闭、交通中断、国际贸易受阻，从而影响到供应链的稳定性和可靠性。政治冲突和社会动荡也可能导致供应链节点关闭，进而影响到物流运输和产品交付。

（七） 知识产权保护挑战

在中国国际物流供应链韧性提升的过程中，知识产权保护也是一个重要而复杂的挑战。知识产权涵盖了专利、商标、著作权等各种形式的创新成果，对于供应链中的创新、研发和设计环节至关重要。然而，知识产权的保护在国际化的供应链环境下可能面临多方面的困难和风险。

第一，跨国法律体系和标准差异。在国际物流供应链中，不同国家之间的法律体系和知识产权保护标准可能存在差异，这可能导致知识产权的保护不一致甚至受损。一些国家可能对知识产权保护程度较低，使得知识产权在跨国供应链中容易受到侵害。此外，不同国家的法律程序和诉讼成本也可能影响知识产权纠纷的解决，增加了知识产权保护的不确定性。

第二，跨国合作中的知识共享。在跨国供应链合作中，不同合作伙伴可能需要共享关键技术和知识。然而，知识的共享可能增加了知识产权泄露的风险，尤其是在合作伙伴之间存在不信任的情况下。供应链中的信息流通使得知识产权更容易遭到泄露或盗用，这可能对创新和竞争力产生负面影响。

第三，产业链上下游的知识产权保护。供应链通常涵盖了从原材料供应商到最终消费者的多个环节，其中每个环节可能都涉及创新和知识产权。保护供应链上下游环节的知识产权需要协调不同环节之间的合作，确保创新成果在整个供应链中得到充分保护。同时，知识产权的侵权可能发生在供应链的任何一个环节，需要建立有效的监控和保护机制。

（八）资金和融资挑战

在中国国际物流供应链韧性提升的过程中，资金和融资挑战是一个关键的问题。供应链的运作需要大量的资金投入，包括原材料采购、生产加工、物流运输、库存管理等多个环节。然而，在国际化的供应链中，资金流动可能面临多方面的障碍和不确定性，给供应链的韧性和稳定性带来了挑战。

第一，跨国支付和汇率风险。国际物流供应链通常涉及不同国家之间的支付和结算，涉及跨境汇款和外汇兑换。不同国家的货币体系和汇率波动可能导致支付的不确定性和额外的成本。汇率波动可能对采购成本、运输成本和销售收入产生影响，增加了资金管理和融资的复杂性。

第二，资金流动不畅。跨国供应链中，资金的流动可能受到国际金融体系、法规和政策的影响。资金的跨境流动可能受到限制，导致资金调配不畅，影响供应链中各个环节的正常运作。资金流动受阻可能导致资金链断裂，影响供应链的稳定性和韧性。

第三，融资成本和风险。供应链中的各个环节可能需要融资支持，包括原材料采购、库存管理、运输费用等。然而，跨国供应链中的融资成本可能较高，特别是对于中小企业而言。此外，融资可能涉及信用风险和违约风险，增加了供应链融资的风险。

第四，资金周转和流动性管理。供应链中的各个环节需要合理的资金周转和流动性管理。然而，由于供应链中的不确定性和波动性，资金周转可能受到影响，导致资金不足或过多。合理管理资金周转和流动性对于供应链的稳定运行至关重要，但也面临着挑战。

三、共建"一带一路"倡议下中国国际物流供应链韧性提升路径

在共建"一带一路"倡议的框架下，中国国际物流供应链的韧性提升路径成为被探讨和提出的问题。这一路径旨在应对当前国际物流供应链所面临的新形势和挑战，特别是在推动跨国物流合作、提升供应链效率以及增强供应链的抗风险能力方面。

（一）硬联通的完善

在推动中国国际物流供应链韧性提升路径中，完善硬联通是关键一环。硬联通的完善涉及物流通道和枢纽基础设施的建设与提升，旨在加强不同地区之间的物流连接，促进国际物流的高效流通。

1. 基础设施建设的加强

在共建"一带一路"倡议框架下，加强基础设施建设是提升国际物流供应链韧性的重要策略。这包括海上物流供应链通道、陆上通道体系、航空运输体系、多层级枢纽体系（刘长俭等，2022）等交通基础设施的规划和建设。例如，加大投资力度，提升港口的吞吐能力和服务水平，优化货物装卸效率。同时，加强铁路和公路网络的建设，实现跨区域的便捷联

通，减少物流运输时间和成本。

2. 区域合作的推进

在推动硬联通的过程中，区域合作是不可或缺的要素。国际物流供应链的韧性提升需要各国之间的合作与协调。通过建立跨国、跨区域的物流合作机制，实现资源共享、信息交流和政策协调。此外，加强与"一带一路"沿线国家的合作，共同推进基础设施项目，促进物流通道的互联互通。

3. 跨境贸易便利化

硬联通的完善还需要关注跨境贸易的便利化。简化通关手续、降低关税、加强贸易合作等措施有助于促进国际物流的顺畅流通。建立电子口岸系统，实现数据共享和信息互通，可以提高通关效率，减少货物滞留时间。

4. 枢纽城市建设的推进

推动硬联通也需要关注枢纽城市的建设与发展。枢纽城市在国际物流供应链中具有重要作用，是物流通道的重要节点。通过加大对枢纽城市的支持，提升其物流和交通基础设施，有助于实现物流通道的高效连接。

5. 智能交通技术的应用

在推动硬联通的过程中，应用智能交通技术也是关键策略之一。例如，利用物联网技术实现货物的实时监测和追踪，提高物流运输的可见性和预测性。同时，通过智能交通管理系统，优化交通流量，减少拥堵，提高交通效率。

（二）软联通的推进

软联通作为提升中国国际物流供应链韧性的关键策略之一，在共建"一带一路"倡议下发挥着重要作用。软联通的推进涉及企业合作、信息化技术应用、服务体系建设等方面，旨在实现各环节的协同与高效，促进国际物流供应链的灵活性和适应性提升。以下将对软联通的推进进行扩展，从多式联运的加强、物流服务拓展与专业化、信息化技术的广泛应用等方面进行论述。

1. 多式联运的加强

软联通的推进需要加强多式联运，实现不同运输模式的协同运作。通过发展海铁联运、公铁联运、空铁联运等模式，实现不同运输环节的衔接，提高货物的流通效率。例如，在海港枢纽地区加强海铁联运，实现海运与铁路的无缝对接，减少货物转运环节。同时，开展卡车、航班等陆空联运，促进货物的快速运输。

2. 物流服务拓展与专业化

软联通的推进还需要拓展物流服务，实现专业化供应链服务。在不同地区，加强与货主、制造商、能源企业等合作，深度参与上下游产业链。特别是在能源原材料领域，加强大宗能源原材料物流供应链服务，为能源行业提供定制化、高效的物流解决方案。此外，还可通过与跨境电商企业合作，提升跨境电商物流供应链服务能力。

3. 信息化技术的广泛应用

软联通的推进离不开信息化技术的广泛应用。利用大数据、物联网、区块链等技术，构建智能化的物流供应链管理系统，实现供需、生产、仓储、运输等全流程信息集成。通过信息化技术，实现物流运输的实时监控与追踪，提高物流运输的可见性。此外，通过电子口岸系统的建设，实现跨境贸易的便利化，促进物流通关效率的提升。

4. 物流服务平台的建设

为推动软联通，建设物流服务平台是必要的。通过引导大型物流企业搭建物流供应链服务集成平台，实现不同环节的信息共享与协同。物流服务平台可以提供在线定制、查询、控制、结算、决策优化、监测评估、预测预警等综合物流供应链服务。此外，还要建设物流供应链信息发布平台，为各类服务对象提供信息资源和快捷入口。

5. 国际合作与标准化

软联通的推进需要加强国际合作与标准化。通过与海外港口、航运企业等的合作，实现国际物流供应链的合作与协调。在国际物流标准制定方面，积极参与国际相关规则、标准的制定，为全球物流供应链协同发展贡献中国智慧。

（三）绿色智慧的引领

在共建"一带一路"倡议下，推动绿色智慧国际物流供应链体系建设是提升中国国际物流供应链韧性的重要路径之一。绿色智慧的引领旨在通过融入环保理念、应用先进技术以及构建智能化体系，实现供应链的可持续发展，提高抗风险能力和应对能力。以下将对绿色智慧的引领进行扩展，从绿色理念融入、智能技术应用以及可持续发展等方面进行论述。

1. 绿色理念融入

绿色智慧的引领需要在整个供应链体系中融入环保理念，倡导低碳、节能、环保的运作方式。通过减少能源消耗、降低排放、推动资源循环利用等举措，实现物流活动对环境的最小化影响。例如，推广绿色包装材料、提倡绿色运输模式，以及优化仓储与运输等环节，降低物流活动对自然环境的损害。

2. 智能技术应用

引领绿色智慧的过程离不开智能技术的应用，包括大数据、物联网、人工智能等。通过数据采集、分析和预测，实现物流运输的智能化管理，优化路线规划、运输安排，提高运输效率，减少不必要的能源浪费。智能技术还可以用于监测运输车辆的排放情况，以及监测货物的状态，及时预警并解决潜在问题，从而降低运输过程中的环境风险。

3. 可持续发展

绿色智慧的引领还需要关注供应链的可持续发展。除了环保和节能方面的考虑，还需要关注社会和经济的可持续性。在供应链中，可以通过促进地区间合作、培养人才、支持当地经济等方式，实现共同发展。此外，推动绿色金融的发展，为绿色物流项目提供资金支持，促进绿色智慧供应链的建设。

4. 跨界合作与创新

绿色智慧的引领需要跨界合作与创新，促进不同领域的协同发展。与能源、制造、科技等领域的企业合作，共同探索绿色智慧供应链的建设。在物流运营中，可以借鉴其他行业的先进技术和管理经验，实现创新和提升。例如，利用区块链技术提高物流信息的透明度和可信度，通过智能合同实现物流合作的自动化和高效性。

5. 政策支持与法规制定

绿色智慧的引领需要政策支持与法规制定。政府可以出台相关政策，鼓励企业在绿色智慧供应链建设中的投入和创新。同时，建立绿色智慧物流的标准体系，规范物流活动中的环保、节能等要求，推动整个供应链的绿色智能化发展。

（四）产业链体系的完善

在共建"一带一路"倡议下，完善中国国际物流供应链体系的产业链是提升韧性的关键一步。通过构建世界级产业链集群，加强地区协同发展和资源优化配置，中国可以更好地应对外部风险，提高供应链的弹性和适应能力。以下将从产业链集群化、地区协同发展、优化资源配置以及政策支持与创新等方面对产业链体系的完善进行扩展。

1. 产业链集群化

产业链集群化是完善供应链体系的关键步骤之一。中国可以通过将相关产业环节集中在特定区域，形成产业链的集群，实现规模效益和资源优势的最大化。例如，在粤港澳大湾区、长三角等地区，可以进一步整合产业链上下游企业，形成完整的产业链，提高整体竞争力和抗风险能力。

2. 地区协同发展

产业链体系的完善需要加强地区协同发展。不同地区的企业可以通过合作和资源共享，形成互补性，优化整个供应链的运作。地区协同发展可以促进物流运输的高效性和稳定性，减少地区之间的不平衡现象，提高整个供应链体系的韧性。

3. 优化资源配置

在产业链体系的完善过程中，优化资源配置是至关重要的。通过合理配置各类资源，包括人才、资金、技术等，可以提高供应链的运作效率和抗风险能力。中国可以通过政策引导和市场机制，推动资源的合理配置，促进供应链的协调发展。

4. 政策支持与创新

完善产业链体系需要政府的政策支持与创新。政府可以出台相关政策，鼓励企业在特定地区建设产业链集群，提供税收优惠和资金支持等激励措施。同时，政府还可以促进产业链的创新发展，加速提升自主创新能力，构建产业链、供应链协同创新机制（吕越，2023），推动技术研发和知识产权保护，提高供应链的核心竞争力。

5. 跨界合作与国际交流

产业链体系的完善需要跨界合作与国际交流。中国可以与其他国家的企业合作，共同发展产业链，实现优势互补。通过国际交流，可以借鉴其他国家的经验，了解全球供应链的发展趋势，推动产业链体系的国际化发展。

6. 产业链数字化和智能化

在完善产业链体系的过程中，数字化和智能化是重要的方向。通过数字化技术，可以实现产业链的信息共享和协同，提高供应链的透明度和运作效率。智能化技术则可以实现生产和物流的智能协调，提高供应链的灵活性和响应速度。

（五）风险监测与评估

在共建"一带一路"倡议下，中国国际物流供应链的韧性提升不仅需要在供应链的建设和优化方面下功夫，还需要建立风险监测与评估机制，以及应对风险的措施，从而有效应对不可预测的突发事件。以下将从风险监测与评估的重要性、风险分类、风险预警机制以及跨境合作等方面对此进行扩展。

1. 风险监测与评估的重要性

在国际物流供应链中，各种风险因素可能导致物流运输中断、物资短缺、成本上升等问题，严重影响供应链的稳定性和运作效率。建立风险监测与评估机制可以帮助及早发现潜在的风险，提前采取应对措施，减少损失并保障供应链的顺畅运行。

2. 风险分类

风险可以分为常规性风险和突发性风险两类。常规性风险包括运输拥堵、货币汇率波动等，可以通过系统监测和数据分析进行预防和管理。突发性风险则包括自然灾害、政治事件等，通常难以预测，需要建立应急预案和快速响应机制。

3. 风险预警机制

建立风险预警机制是提升国际物流供应链韧性的重要手段。通过数据采集、分析和模型建立，可以识别潜在风险，并提前发出预警。一旦风险发生，可以迅速采取措施减轻影响，保障供应链的稳定运行。

4. 跨境合作

国际物流供应链的韧性提升需要跨境合作，与沿线国家和地区共同应对风险。建立国际合作机制，分享风险信息、经验和技术，可以提高整个地区的应对能力。同时，建立国际合作可以促进通关流程的优化，减少物流时间和成本。

5. 数据驱动和技术支持

风险监测与评估需要大量的数据支持和先进的技术手段。借助大数据分析、人工智能和物联网技术，可以实时监测供应链各个环节的运行情况，识别异常和风险信号。这些技术可以提高风险监测的准确性和预测能力。

6. 创新保障措施

除了预警机制，创新的保障措施也是提升韧性的关键。例如，建立临时储备库存，应对突发需求增加；采用多样化的供应商和运输方式，减轻单一依赖风险；制定应急运输计划，确保关键物资的快速运输等。

第10章 "数字丝绸之路"与智慧物流生态系统的构建：合作共赢、共同发展

在当今全球化的背景下，数字技术的迅猛发展正引领全球商贸的新潮流。作为共建"一带一路"倡议的重要延伸，"数字丝绸之路"正成为世界各国共同关注的焦点。在这一背景下，智慧物流生态系统的构建越发凸显其重要性。智慧物流的蓬勃发展为贸易的便利化、高效化与绿色化提供了全新的机遇。而构建一个具有合作共赢理念的生态系统，将为各国带来更加稳定和可持续的发展。

"数字丝绸之路"的概念在全球范围内崭露头角。它不仅仅意味着物质的互联互通，更是强调了信息的共享与交流。这一理念在智慧物流领域得以迅速实现，进一步促使各国之间在贸易与物流方面的合作日益深化。智慧物流，作为数字丝绸之路的重要组成部分，借助信息技术和先进管理模式，正在为传统的物流体系注入新的活力和创新。"数字丝绸之路"的崛起以及智慧物流的兴起，为跨境贸易和物流合作开辟了崭新的前景。

传统的物流模式面临着时间成本高、效率低下、信息孤岛等问题，而智慧物流的发展则为这些问题提供了解决方案。通过数字技术的运用，物流环节可以实现高度信息化、透明化和智能化，有效提升物流效率，降低成本，改善服务质量。而"数字丝绸之路"的建设则为智慧物流的蓬勃发展提供了广阔的舞台，各国可以借助数字化的力量，实现跨国、跨区域的

合作，打造共同繁荣的未来。

然而，要实现智慧物流生态系统的构建，并不是一项简单的任务。不同国家、地区的法律、政策、文化差异，以及物流基础设施的现状等都是影响因素。本章将深入探讨数字丝绸之路与智慧物流的融合，重点探讨智慧物流生态系统构建的意义和价值，揭示其对于协同发展和共同繁荣的积极影响。同时，介绍智慧物流生态系统的主体和框架，剖析其运作机制，阐述构建该生态系统的策略。旨在为推动"数字丝绸之路"智慧物流生态系统的建设提供有益的思考和启示。

一、"数字丝绸之路"的概念、内涵和特征

（一）"数字丝绸之路"的概念：基于数字经济的共建"一带一路"倡议的延伸和深化

"数字丝绸之路"，这一新颖而引人瞩目的概念，不仅是共建"一带一路"倡议的有机延伸，更是其深化演进的产物。其概念的核心在于信息技术的融合与发展。"数字丝绸之路"的崭新观念便在这股浪潮中应运而生。它将传统的丝绸之路融汇于信息化时代的背景之下，致力于在传统经济合作基础上注入创新力量，实现国际信息流动的畅通无阻。"数字丝绸之路"不仅仅关乎商品的流通，更关乎着信息的传递，它借助先进的技术手段，打造了一条便捷的信息通道，将全球各地紧密连接起来。"数字丝绸之路"是配合"一带一路"建设，在"一带一路"沿线国家构建的数字经济基础设施和形成合作共赢的数字经济形态以及相关机制（向坤，2017），建设数字化现代化产业化合作繁荣之路（原倩，2022）。

"数字丝绸之路"不同于传统的物质交流，它以信息技术为支撑，将信息的流动与交流作为合作的核心。在过去，丝绸之路代表着物资的互通互流，而"数字丝绸之路"则将焦点转向信息的传递。在信息技术的引领下，国与国之间的信息沟通不再受制于时空，商务合作越趋便捷，商贸活

动变得前所未有的高效。"数字丝绸之路" 的概念在于将信息技术与共建 "一带一路" 倡议有机结合，创造出新的发展模式。

在数字世界的构建中，"数字丝绸之路" 的概念在共建 "一带一路" 倡议的背景下越发清晰。信息技术的革命性变革为国际合作提供了新的机遇和平台，推动高水平对外开放（任保平，2022）。"数字丝绸之路" 作为一个全新的概念，为国与国之间的商务交往带来了全新的视角和可能性。它不仅是共建 "一带一路" 倡议的延伸，更是其深化演进的见证。通过信息技术的引领，"数字丝绸之路" 必将为国际合作注入新的活力，推动共同繁荣与发展的伟大使命继续深入实现。

（二）"数字丝绸之路" 的内涵：基于信息基础设施、信息资源和信息服务的三个层面

"数字丝绸之路" 的内涵，深刻反映了信息技术在共建 "一带一路" 倡议中的积极影响。在这一蓬勃发展的数字时代，"数字丝绸之路" 的内涵可从信息基础设施、信息资源和信息服务三个层面予以解读。这三个层面共同构筑了一个以信息为核心的智能生态系统，极大地推动了跨国合作和商务交流的创新升级。

首先，信息基础设施是 "数字丝绸之路" 的基石，是数字化合作的物质基础。信息通信技术的飞速发展，使得网络连接更加普遍和高速。"数字丝绸之路" 通过打造信息通道，消除了距离带来的障碍，使国际合作得以实现。高速的互联网基础设施为跨国贸易提供了强有力的保障，而移动支付等新兴技术也为国际金融交流提供了便利。这些信息基础设施的建设，为 "数字丝绸之路" 的蓬勃发展奠定了坚实的基础。

其次，信息资源的共享是 "数字丝绸之路" 的核心。信息资源的共享和开放，使得各国之间的知识和经验得以互通。通过 "数字丝绸之路"，国际的企业、研究机构、政府部门等可以共享有关市场信息、技术发展和政策动态等方面的信息。这种信息资源的共享，不仅有助于各方在商务合作中做出明智决策，也促进了各国在技术创新和产业升级方面的交流与

合作。

最后，信息服务是"数字丝绸之路"内涵的重要组成部分。随着数字化时代的到来，信息服务变得越发多样和便捷。"数字丝绸之路"通过提供跨国间的信息服务，为商务活动提供了全方位的支持。跨境电商、在线支付、数据安全等一系列信息服务的创新，为国际合作的开展提供了有力保障。同时，信息服务的不断升级也促进了各国在技术、管理和创新方面的互学互鉴，推动了智慧物流生态系统的持续完善。

"数字丝绸之路"的内涵可以从信息基础设施、信息资源和信息服务三个层面来理解。这三个层面相互交织，构建了一个蓬勃发展的数字化合作平台，为国际合作和智慧物流的推进注入了强大动力，实现了国与国之间更加紧密的联系与协作。

（三）"数字丝绸之路"的特征：基于数字化、智能化和网络化的三个方面

"数字丝绸之路"的特征是共建"一带一路"倡议与数字化时代融合的鲜明体现，主要体现在数字化、智能化和网络化三个方面。这些特征的共同作用，使得数字丝绸之路成为推动合作共赢、共同发展的创新平台，为智慧物流生态系统的构建提供了坚实支撑。

首先，数字化是"数字丝绸之路"的鲜明特征之一。在数字化的背景下，商务合作、数据流通等活动正在经历从传统模式到数字模式的转变。"数字丝绸之路"以数字技术为驱动，将各类信息数字化、存储、共享，为各国提供了更加高效的合作平台。数字化的特征使得物流、金融、文化等各领域的合作更加便捷，也为智慧物流的建设提供了丰富的数据支持。

其次，智能化是"数字丝绸之路"的重要特征。随着人工智能、大数据等技术的不断发展，智能化正在深刻改变着商务合作和物流流程。"数字丝绸之路"通过智能技术的应用，实现了物流操作的智能化，提高了效率和准确性。智能化的特征使得各国之间能够更好地适应市场需求，提供个

性化服务， 为合作伙伴带来更多价值。

最后， 网络化是 "数字丝绸之路" 的显著特征。互联网的普及和发展， 为国际合作提供了广阔的空间。"数字丝绸之路" 通过建立网络平台， 实现了跨国合作伙伴的连接和交流。无论是跨境电商、金融服务还是数据共享， 网络化的特征使得各国之间的合作能够实现迅速而高效的沟通， 推动了智慧物流的创新和发展。

"数字丝绸之路" 的特征体现在数字化、智能化和网络化三个方面。这些特征的共同作用， 为共建 "一带一路" 倡议注入了新的活力， 也为智慧物流生态系统的建设提供了坚实的支撑。"数字丝绸之路" 的特征， 不仅深刻地响应了数字化时代的发展趋势， 也为国际合作和共同发展开辟了更为广阔的前景。

综上所述，"数字丝绸之路" 作为共建 "一带一路" 倡议的重要组成部分， 集结了信息技术的崭新力量， 连接了国际的商贸活动。其概念基于信息技术的延伸和深化， 内涵体现在信息基础设施、信息资源和信息服务三个层面， 特征则体现在数字化、智能化和网络化的多方面表现。"数字丝绸之路" 可以有效应对西方数字帝国主义， 维护广大发展中国家的数字发展权益 （陈健， 2021）。

二、"数字丝绸之路" 与智慧物流的融合：创新与变革

"数字丝绸之路" 作为共建 "一带一路" 倡议的重要组成部分， 正与智慧物流紧密融合， 带来了前所未有的创新与变革。这种融合在多个层面展现， 不仅提升了物流效率， 也为合作伙伴创造了更多商机， 推动了合作共赢与共同发展的目标不断实现， 也有助于中国对外增强数字影响力， 掌握数字主导权 （杨洋等， 2023）。

首先， 在物流链条的各个环节， 数字技术的应用正引发着革命性的创新。智能化的传感器、物联网技术等， 让货物的实时监控成为可能， 从生产、仓储到配送， 信息的实时传输实现了智能化协同， 不仅提高了物流运

作效率,也降低了成本,同时使物流企业具备了更好的风险管理能力。

其次,"数字丝绸之路"的发展正催生着新的商业模式和合作机制。跨境电商、智能仓储、智能配送等创新模式的出现,使得合作伙伴能够更加高效地连接,拓展市场。物流产业链的协同创新,使得资源的整合和利用得以最大化,同时也带动了更多中小企业的参与,推动了产业结构的升级和变革。

同时,"数字丝绸之路"的融合还为智慧物流的国际合作提供了更广阔的平台。数字化的时代背景下,各国能够更快捷地跨越地域限制,共同开展合作,共同开拓市场。信息共享、资源整合、技术创新,正成为国际合作的关键要素,促进了智慧物流的创新与变革。

随着"数字丝绸之路"的推进,智慧物流正经历着从传统到现代、从单一到多元的转变。在这个融合过程中,创新成为推动智慧物流发展的核心力量。从供应链管理到运输方式,从信息传递到数据分析,智慧物流的创新正不断优化着物流运作,降低了物流成本,提升了服务质量,推动了物流行业的转型升级。

总之,"数字丝绸之路"与智慧物流的融合带来了创新与变革,为合作共赢、共同发展注入了新的动力。通过数字技术的应用和商业模式的创新,智慧物流正成为国际合作的新引擎,也为参与合作的各方创造了更多商机和发展空间。这种融合不仅为各国合作伙伴带来了实际利益,也为构建"数字丝绸之路"的目标提供了有力支持,为未来的合作共赢之路开辟了更为广阔的前景。"数字丝绸之路"与智慧物流融合的重要产物是跨国合作的智慧物流生态系统,因此在"数字丝绸之路"建设背景下,构建智慧物流生态系统具有重大的意义和价值。

三、智慧物流生态系统构建的意义和价值:推动协同发展和共同繁荣

智慧物流生态系统的构建不仅是"数字丝绸之路"与智慧物流融合的

产物，更是一场深刻变革的催化剂。这一体系的建立，不仅仅是为了实现物流效率的提升，更是为了推动协同发展和共同繁荣。在这个新的生态格局下，合作伙伴之间能够实现资源共享、优势互补，实现更高水平的发展。

首先，智慧物流生态系统的构建将推动合作伙伴之间的信息互通和资源共享。通过数字技术的应用，物流环节的信息能够实现全链条的透明化，实时监控货物的位置、状态，从而优化供应链的管理和运作。合作伙伴能够更准确地了解市场需求，制定更精准的策略，实现供需的匹配，减少资源浪费，推动资源的高效利用。

其次，智慧物流生态系统的构建将促进产业链的协同创新。在传统的物流产业链中，各个环节往往是独立运作的，信息流、物流、资金流的不畅通会导致效率低下。而智慧物流生态系统将打破这种局面，通过信息的共享和协同，不同环节能够更好地协同工作，从而加快物流运作的速度，提高效率，同时也为合作伙伴带来更多商机。

同时，智慧物流生态系统的构建将助力中小企业的发展。在传统物流体系中，中小企业常常因为资源有限而难以参与全球供应链。然而，智慧物流生态系统为中小企业提供了更低门槛的参与机会。通过共享平台，中小企业能够更容易地接入国际市场，实现全球化的布局，从而实现更大规模的发展。

在推动协同发展和共同繁荣的过程中，智慧物流生态系统还能够促进合作伙伴之间的信任建立。信息的透明和共享使得合作伙伴能够更好地了解彼此，减少信息不对称，从而建立起更加稳固的合作关系。这种信任将进一步促进合作伙伴之间的资源共享、风险共担，实现更加紧密的合作关系，推动共同繁荣的目标不断实现。

总之，智慧物流生态系统的构建意义深远，不仅仅是为了实现物流效率的提升，更是为了推动协同发展和共同繁荣。这个新的生态格局将改变传统物流产业的格局，促进资源共享、优势互补，推动合作伙伴实现更高水平的发展。通过"数字丝绸之路"的推进，智慧物流生态系统的建立将在全球范围内带来积极的变革，为各国合作伙伴创造更多机遇，实现共同繁荣的目标。

四、智慧物流生态系统主体

（一）多方合作伙伴的角色和功能

智慧物流生态系统的成功建设依赖于多方合作伙伴的紧密协作，这些伙伴包括政府、企业、学术界和技术提供商等。每个合作伙伴在系统中扮演着独特的角色，发挥着重要的功能，共同促进系统的高效运作和持续创新。

1. 政府

政府在智慧物流生态系统中扮演着引导者和监管者的角色。政府制定支持政策和法规，为系统提供稳定的政策环境。政府的参与不仅能够推动系统的建设，还能够协调各方利益，解决合作过程中可能出现的问题和冲突。政府还可以为系统提供规则框架，促进信息的透明化和合法合规运行。

2. 企业

企业在智慧物流生态系统中扮演着多样化的角色，包括产品制造商、跨境电商平台和物流企业等，每种类型的企业都在系统中发挥着独特的功能和作用，共同构建了一个高效协同的生态系统。

（1）产品制造商。作为智慧物流生态系统的起点，产品制造商为系统注入了商品的流通源头。随着共建"一带一路"倡议的推动，跨境贸易与合作不断深化，产品制造商在系统中的地位越发重要。他们通过参与系统，提供丰富多样的产品，满足不同国家和地区的消费需求，同时也在系统中推动商品的流通。他们不仅是生态系统的供应方，更是推动经济发展和贸易繁荣的关键一环。

（2）跨境电商平台。跨境电商平台在智慧物流生态系统中充当着连接消费者和产品制造商之间的桥梁。这些平台为不同国家和地区的消费者提供了便捷的购物渠道，将跨境商品推向国际市场。通过在线交易和支付，跨境电商平台促成了产品的销售与分发。他们不仅承担着商品的交易平台角色，还积极引进境外商品，促进了不同国家之间的贸易合作。

（3）物流企业。物流企业是智慧物流生态系统中的关键参与者，他们承担着商品的实际运输、仓储和配送任务。在联盟中，物流企业以其专业的物流资源和服务，为商品从制造地到消费地的运输提供了支持。他们通过物流信息技术和智能化设备，实现物流过程的实时监控和优化调度，提高了系统的物流效率。物流企业的参与不仅连接了各个环节，更促进了商品流通的畅通无阻。

（4）其他企业类型。除了上述主要类型的企业，智慧物流生态系统还涵盖了其他多样的企业，如财税外汇企业、保险金融机构等。财税外汇企业在系统中为企业提供会计、税务等方面的服务，促进企业合规运营。保险金融机构为企业提供保险和融资服务，减轻企业在运营中的风险压力。这些企业类型的参与，使智慧物流生态系统更加丰富多元，实现了多方面的合作与支持。

不同类型的企业在智慧物流生态系统中扮演着不可或缺的角色。他们共同构建了一个协同合作的网络，实现了商品的制造、交易、运输和分发等环节的有机连接。通过紧密合作，这些企业为生态系统的高效运作和共同繁荣做出了重要贡献。他们的参与，不仅促进了"数字丝绸之路"的建设，也为全球经济合作和发展注入了新的活力。

3. 学术界

学术界的角色在于为智慧物流生态系统提供理论支持和创新思路。研究机构和专家学者通过深入研究，分析市场趋势和技术发展，为系统提供优化建议和创新方向。学术界还可以促进知识的传播和交流，为系统的发展提供智力支持和战略指导。

4. 技术提供商

技术提供商在系统中发挥着关键的作用，他们为系统的数字化和智能化提供技术支持。这些技术包括物流信息技术、大数据分析工具、人工智能等。技术提供商可以开发出高效的物流管理系统，实现对物流过程的实时监控和调度，从而提高系统的运营效率。此外，他们还可以为系统提供数字平台，促进各方信息的共享和交流。

综上所述，多方合作伙伴在智慧物流生态系统中发挥着各自独特的角色和功能，通过紧密合作，共同促进了系统的协同发展和创新，实现了合作共赢、共同发展的目标。他们的协同作用不仅推动了智慧物流生态系统的优化运行，还为各方合作伙伴带来了更多的机遇和收益。

（二）合作模式

在智慧物流生态系统中，多方合作伙伴之间采用了多种合作模式，这些模式如联盟、合作平台和共享资源等，共同构建了一个高效协同的合作体系，推动着"数字丝绸之路"智慧物流的发展与创新。

1. 联盟模式

智慧物流联盟模式在构建"数字丝绸之路"智慧物流生态系统中发挥着至关重要的角色。该模式通过整合多方合作伙伴的资源和能力，实现协同合作，促进智慧物流的创新与变革。智慧物流联盟模式中，多方合作伙伴发挥着不同的角色和功能。政府在联盟模式中充当着监管和支持者的角色；产品制造商通过联盟模式实现生产和供应链的数字化管理，提高生产效率和质量，为物流环节提供更稳定的原始货源；物流企业承担着物流资源的整合和实际运输的任务，通过联盟模式将不同企业的物流网络有机连接，优化路线规划和运输资源的分配；技术提供商在智慧物流联盟中负责提供关键的技术支持，如物联网、大数据分析、人工智能等，为联盟成员提供智能化的解决方案；学术界通过研究和创新，为智慧物流提供新的理论和方法。智慧物流联盟模式中，各合作伙伴通过多样化的合作模式实现了资源共享、信息流通和业务协同。这种模式的优势在于强调合作共赢，促进了智慧物流领域的创新和发展。通过多方合作伙伴的协同努力，智慧物流联盟模式为实现共同繁荣和可持续发展提供了强有力的支持。

2. 合作平台模式

合作平台模式在构建智慧物流生态系统中具有重要作用，它为多方合作伙伴提供了一个集成的数字化平台，促进信息共享、业务协同和创新发展，从而推动智慧物流的建设与升级。

合作平台模式的核心是打造一个集成的数字化平台，通过将各个合作伙伴的业务流程和数据资源整合到一个统一的平台上，实现信息的共享和交流。在这个平台上，不同类型的企业、政府机构、技术提供商等可以通过互联网和云计算等技术手段进行实时的信息交换和协同合作。这种模式有助于消除信息孤岛，提高数据的可见性和透明度，从而降低了信息不对称和交流成本。

合作平台模式的优势在于促进了业务的协同和创新。在这个平台上，不同合作伙伴可以共同参与业务流程的优化和创新，通过数据分析、人工智能等技术手段，实现智能化的决策和预测。例如，物流企业可以通过平台获取实时的货物运输信息，从而进行智能的路线规划和资源调度；跨境电商平台可以通过平台实时了解商品的库存情况和销售趋势，从而进行精准的采购和销售计划。

合作平台模式还有助于降低合作伙伴的接入门槛。在传统的合作模式中，不同企业之间可能存在信息系统不兼容的问题，导致合作困难。而通过合作平台，不同企业可以在同一个平台上进行业务交流和合作，无须进行复杂的系统对接和数据转换，降低了合作的难度和成本。

此外，合作平台模式还促进了创新的合作模式的出现。在平台上，不同类型的企业可以通过灵活的合作方式进行资源共享，实现互利共赢。例如，物流企业可以提供物流配送服务，跨境电商平台可以提供销售渠道，金融机构可以提供融资支持，从而形成更加紧密的产业链合作关系。

综上所述，合作平台模式在智慧物流生态系统中具有重要作用。通过构建集成的数字化平台，合作伙伴可以实现信息共享、业务协同和创新发展，推动智慧物流领域的进步与发展。这种模式有助于降低合作的成本和风险，促进合作伙伴之间更加紧密的合作关系，为智慧物流生态系统的构建创造了有利条件。

3. 共享资源模式

共享资源模式是智慧物流生态系统中一种具有活力的合作方式，它强调多方合作伙伴之间的资源共享，通过互惠互利的方式实现共同发展。

在共享资源模式中，不同的合作伙伴可以共同分享各自的物流、信息、技术等资源，以实现资源的最大化利用。这种合作方式有助于避免资源的浪费和重复投入，提高资源的使用效率。例如，物流企业可以共享自己的运输车队和仓储设施，跨境电商平台可以共享商品库存和销售数据，技术提供商可以共享创新技术和解决方案，从而为合作伙伴们创造更多的机会和价值。

共享资源模式的优势在于强调合作伙伴之间的互惠关系。在这种模式下，各方通过资源的共享和互助，实现共同发展和共同繁荣。例如，物流企业可以通过共享资源获得更多的订单和业务，跨境电商平台可以通过共享商品库存和物流渠道提高销售效率，技术提供商可以通过共享创新技术获得更多的市场机会。通过互相帮助和支持，合作伙伴们可以在共享资源模式下实现共同的目标。

共享资源模式也有助于推动创新和协同发展。在这种模式下，合作伙伴们可以共同探索新的合作模式和商业机会，促进创新的产生。例如，物流企业和跨境电商平台可以共同开发智能化的物流配送方案，技术提供商可以与企业合作开发新的数字化解决方案，从而提升整体的竞争力和市场影响力。

在共享资源模式下，合作伙伴之间需要建立良好的合作机制和沟通渠道。通过制定明确的合作协议和规则，合作伙伴可以确保资源的合理共享和互惠互利。同时，建立有效的沟通渠道可以帮助各方及时交流和反馈信息，从而提高合作效率。

综上所述，共享资源模式是智慧物流生态系统中一种有益的合作方式。通过资源的共享和互助，合作伙伴们可以实现资源的最大化利用，促进互惠互利的合作关系，推动创新和协同发展。这种模式有助于形成更加紧密的合作网络，为智慧物流生态系统的建设和发展创造更多机会和可能。

4. 技术创新模式

技术创新模式是智慧物流生态系统中的一种关键合作方式，它强调不同合作伙伴之间的技术分享、研发合作以及共同探索新的解决方案，以推动智慧物流领域的发展和变革。

在技术创新模式中，合作伙伴们可以共同分享各自的技术知识和经验，通过合作研发解决方案，推动物流行业的技术升级和创新。例如，物流企业可以与技术提供商合作，共同开发智能物流系统，跨境电商平台可以与软件开发公司合作，共同开发电商平台的智能化功能，从而提高物流效率和提升用户体验。

技术创新模式的优势在于强调合作伙伴之间的专业互补和知识共享。不同的合作伙伴在不同领域拥有专业的技术知识和资源，通过合作可以将各自的优势结合起来，共同攻克技术难题，实现创新。例如，物流企业可以将自身的物流运营经验与技术提供商的数字化技术相结合，开发出更智能的配送系统，提高配送效率和准确性。

技术创新模式也有助于推动跨领域的合作和创新。在这种模式下，不同行业的合作伙伴可以共同探索新的技术应用和商业模式，从而实现跨领域的创新和发展。例如，物流企业可以与智能制造企业合作，共同研发物流自动化设备，提高生产效率和物流运输效率。

在技术创新模式下，合作伙伴们需要建立开放的合作平台和共同研发机制。通过设立联合研发中心、技术交流会议等形式，合作伙伴可以共同讨论问题、分享技术成果，促进合作的深入和持续。同时，建立知识产权保护和共享机制也是重要的，确保合作成果的合理分配和保护。

技术创新模式是智慧物流生态系统中的重要合作方式。通过技术分享、研发合作和创新探索，合作伙伴们可以实现互利共赢，推动智慧物流领域的发展和进步。这种模式有助于促进技术的交流与融合，推动行业的创新和变革，为智慧物流生态系统的构建和升级提供强大的动力。

五、智慧物流生态系统构建策略

（一）加强政策支持，促进跨国合作

首先，不同国家在外贸政策、海关标准、基础设施等方面存在差异。这些差异可能导致我国与"一带一路"沿线国家的物流协作受到限制，使得产品在通关过程中频繁受阻。在这种情况下，加强政策交流成为推动合作的关键一环。政府应当积极与"一带一路"沿线国家展开政策对话，以互利共赢为目标，协商设定统一互认的海关通关标准，为国际海关合作奠定基础。

其次，在政策支持的背景下，我国可以通过与沿线国家的政府部门建立更紧密的合作关系，推动贸易政策的协调与统一。这样的合作有助于消除贸易壁垒，减少因政策差异带来的摩擦。同时，政府可以出台一系列支持措施，如税收优惠、政策激励等，以吸引更多企业参与智慧物流生态系统的建设。这些措施不仅有利于我国企业的发展，也有助于跨国合作的深入推进。

此外，加强基础设施建设也是政策支持的一部分。我国可以与"一带一路"沿线国家合作，共同投资兴建交通、物流设施，提高物流运输效率。政府可以通过政策引导，鼓励国内企业积极参与基础设施建设，促进跨国物流网络的融合。

最后，政策支持还应注重在细节方面的合作。比如，可以建立更加便捷的进出口流程，提高通关效率，减少商品滞留时间。政府还可以鼓励企业在"一带一路"沿线国家设立分支机构，便于信息交流和合作开展。

综上所述，加强政策支持，促进跨国合作，是智慧物流生态系统建设的关键一步。通过政策交流、贸易政策协调、基础设施建设等方式，可以消除合作中的障碍，支持智慧物流生态系统的构建。

（二） 建立风险共担与共赢机制，保障系统稳定运作

首先，面对跨境物流合作中的不确定性和风险，建立风险共担机制可以有效地分担风险，降低各参与方面临的风险压力。跨境物流涉及不同国家的法律、政策、文化等多方面因素，可能引发合作中的意外情况。通过建立风险共担机制，各合作伙伴在发生问题时共同承担责任，避免了单一企业承担巨大的风险。这种机制能够增强合作伙伴之间的信任，建立更加稳固的合作关系，有利于智慧物流生态系统的长期健康发展。

其次，共赢机制的建立可以在风险共担的基础上，实现各方的利益最大化。智慧物流生态系统中的多个主体在不同环节都可以获得经济效益，但在各方企业追求自身利益的同时，也需要考虑整体的合作效果。通过设立合理的利益分配机制，确保每个主体在合作中都能够获得公平合理的回报，从而增强其积极性和主动参与度。共赢机制的推动将促进资源的优势互补，激发各企业在联盟内不断发掘合作机会，实现更大范围内的经济利益。

此外，风险共担与共赢机制还可以通过契约和约束机制来加强。合作伙伴可以共同制定严格的联盟契约，规范各方企业的行为和责任。同时，对于毁约和破坏联盟稳定性的行为，可以进行相应的惩罚，以确保联盟内部的合作和谐进行。

综上所述，建立风险共担与共赢机制是构建智慧物流生态系统的关键一环。通过分担风险、实现共赢，可以增强各参与方的合作信心，提高整个系统的稳定性和可持续发展能力。这一机制的建立不仅有利于各合作伙伴的利益实现，也为智慧物流生态系统的健康运行打下了坚实的基础。

（三） 加强技术研发，保障系统高效运作

在"数字丝绸之路"的背景下，技术的创新和应用已经成为提升物流生态系统运作效率的关键要素。

首先，加大技术研发力度有助于优化物流运作流程。在智慧物流生态

系统中，运输、仓储、配送等环节需要高度的协同和协调。通过引入人工智能、大数据分析、物联网等先进技术，各合作伙伴可以更精准地预测需求、优化线路规划、实现实时监控等，从而有效提升运作效率。技术的应用还可以帮助企业快速响应市场变化，减少运输时间，降低成本，实现物流运作的精益化和智能化。

其次，针对"数据时代"物流业的特点，各企业应成立专门的技术研发团队，开发智能终端。随着消费者需求的多样化和个性化，物流服务也需要更具针对性。通过技术创新，各合作伙伴可以开发智能手机应用、物流管理软件等，使顾客能够轻松查询物流信息、选择最佳配送方案，提升用户体验。此外，数据分析技术的应用还有助于预测市场需求，更精准地满足客户期望，从而在激烈的市场竞争中取得优势。

智慧物流生态系统的构建还需要充分利用技术驱动的决策支持系统。通过对联盟内各类资源的综合调度，实现信息的高效传递，系统可以为成员企业的业务决策提供准确数据支持。技术驱动的决策支持系统可以从不同角度分析市场趋势、客户需求、资源利用率等因素，帮助企业做出科学决策，优化运作方案，从而提高整个系统的运作效率和灵活性。

在智慧物流生态系统的构建过程中，技术创新不仅是提升效率的手段，更是实现系统协同、资源共享的关键。通过不断引入新技术，不断优化现有技术，各合作伙伴可以实现更高水平的物流服务，为用户提供更便捷、高效、可靠的物流体验，进而推动整个物流生态系统的稳定和可持续发展。

综上所述，加强技术研发，保障系统高效运作，是智慧物流生态系统构建中至关重要的一环。技术的应用和创新将在不同层面推动系统的提升，从而实现物流资源的最优配置，提高系统效率，满足多元化的客户需求，为跨境物流领域的协同发展提供有力支持。

（四）制定国际标准

在"数字丝绸之路"的背景下，国际标准的制定和遵循有助于促进合作伙伴之间的互通互认，提升整个物流生态系统的协同效能和稳定性。

首先，制定国际标准有助于消除跨境物流的壁垒。由于不同国家在海关、贸易法规、产品标准等方面存在差异，常常导致跨境物流的不顺畅。通过共同制定并遵循国际标准，合作伙伴可以减少不必要的操作和时间成本，实现信息互通和业务无缝对接。国际标准的建立还有助于统一流程，简化通关手续，从而提高跨境物流运作的效率。

其次，国际标准的制定可以促进合作伙伴之间的互信和合作。在智慧物流生态系统中，合作伙伴来自不同国家和地区，彼此之间的合作需要建立在共同的规则和标准之上。制定国际标准有助于消除信息不对称，减少误解和分歧，增强合作伙伴之间的互信。合作伙伴遵循相同的国际标准，能够更加愿意分享资源、信息和技术，共同推动物流生态系统的协同发展。

此外，国际标准的制定还有助于提升整个物流生态系统的竞争力。在全球范围内，符合国际标准的物流服务更具有可比性和竞争优势。通过建立国际标准，合作伙伴可以提高服务质量和一致性，树立良好的品牌形象，吸引更多的客户和合作伙伴。国际标准的遵循还能够降低风险，减少纠纷，提升整个系统的稳定性，从而为长远发展打下坚实基础。

在制定国际标准时，合作伙伴应该充分考虑不同国家的法规、文化和市场需求。标准应该是开放、包容和可持续的，以适应不断变化的环境。此外，制定国际标准需要充分的合作和协商，各合作伙伴应共同参与，确保标准的公正性和代表性。

综上所述，制定国际标准是智慧物流生态系统构建的重要一环。国际标准的制定将消除壁垒，促进互信和合作，提升竞争力，为系统的协同发展提供有力保障。在"数字丝绸之路"的引领下，合作伙伴应积极参与国际标准的制定，共同推动物流生态系统的优化和创新，实现更高水平的跨境物流合作。

（五） 创新金融支持

在"数字丝绸之路"的背景下，创新金融支持策略成为智慧物流生态系统构建中不可或缺的一环。创新金融支持不仅可以为系统的发展提供稳定的资金支持，还可以促进合作伙伴之间的互利合作和风险共担，进一步提高系统的稳定性和可持续性。

首先，创新金融支持可以促进跨境物流合作的资金流动。智慧物流生态系统涉及多个合作伙伴，包括企业、物流服务商、技术提供商等。这些伙伴在合作过程中需要资金支持来扩大业务规模、实现技术创新、提升服务质量等。通过引入创新金融工具，如供应链金融、跨境支付等，可以为合作伙伴提供便捷的资金融通渠道，促进资金在物流生态系统内的流动，加速业务的发展和成长。

其次，创新金融支持可以激发合作伙伴之间的合作动力。在智慧物流生态系统中，合作伙伴之间存在着共享资源、共同承担风险的关系。创新金融支持可以通过建立共同的金融机制，鼓励合作伙伴共同承担项目风险，分享项目收益。例如，可以建立风险基金，用于应对突发事件或不可预测的风险，以保障系统的稳定运行。这样的金融机制可以激励各方积极参与合作，共同推动物流生态系统的可持续发展。

此外，创新金融支持还可以提升合作伙伴的创新能力。智慧物流生态系统的构建需要不断的技术创新和业务模式创新。通过引入创新金融工具，可以为合作伙伴提供资金支持，用于研发新技术、推出新产品和服务，从而增强系统的竞争力和创新能力。这种金融支持有助于吸引更多的创新人才和资源加入系统，推动系统不断向前发展。

在实施创新金融支持策略时，合作伙伴应积极寻求各种金融合作机会，如与金融机构合作、参与金融创新项目等。同时，需要建立合理的金融风险管理体系，确保金融支持不会对系统的稳定性产生负面影响。合作伙伴还应根据自身业务情况，选择适合的金融工具和模式，以最大限度地发挥金融支持的效果。

综上所述，创新金融支持是"数字丝绸之路"下智慧物流生态系统构建的重要策略之一。通过引入创新金融工具，促进资金流动、激发合作动力和提升创新能力，可以为物流生态系统的健康发展提供有力支持。合作伙伴应在实施创新金融支持策略时，充分考虑各方的利益和风险，确保金融支持与系统的整体目标相一致。

本章深入探讨了在"数字丝绸之路"背景下，智慧物流生态系统的构建策略，旨在促进跨境物流的合作共赢和共同发展。通过分析多方合作伙伴的角色与功能、合作模式以及运作特征，提出了一系列切实可行的策略，以推动智慧物流生态系统的建设，实现合作共赢的目标，为智慧物流生态系统的构建与发展提供了有益的思考。本章对"数字丝绸之路"的概念进行了介绍，强调了它作为一种全球性的经济合作倡议，为智慧物流的发展提供了广阔的机遇。随后，我们深入探讨了"数字丝绸之路"与智慧物流的融合，强调创新和变革的重要性。这一部分内容揭示了数字技术在物流领域中的革命性作用，引发了我们对智慧物流生态系统构建的思考。

通过对多元主体的角色和功能的深入分析，本章指出政府、企业、学术界、技术提供商等各方的合作是构建智慧物流生态系统的重要保障。合作模式方面，联盟、合作平台和共享资源等模式的提出，为实现资源优化配置、风险共担与共赢合作提供了切实可行的路径。此外，技术创新作为智慧物流生态系统的重要驱动力，为提升决策科学性、提高运作效率提供了强大支持。

通过对策略的探讨，本章提出了加强政策支持、建立风险共担与共赢机制、加强技术研发、制定国际标准以及创新金融支持等五项关键举措。这些策略不仅强调了在国际合作、稳定联盟运作、技术推动、标准规范和金融支持等方面的重要性，更为智慧物流生态系统的构建提供了具体的指导和实施路径。

第 11 章　共建"一带一路"倡议下商科人才培养教学模式探索与实践：虚拟仿真实验

共建"一带一路"倡议为商科人才培养提供了新的机遇和平台。商科人才是推动"一带一路"建设的重要力量，需要具备全球视野、跨文化能力、创新思维和实践能力等素质。高校是培养商科人才的重要渠道。现代社会对学生实际应用能力的要求越来越高，学生不但需要具备胜任某一个专业所对应岗位与岗位群的工作所需要的能力，还需要具备从事相近、相关专业所对应岗位与岗位群的工作所需要的能力。实习在学生的实际应用能力的培养中具有重要作用，但在现实中，许多公司由于保密和风险等原因，不提供学生实习的岗位，即使提供实习岗位的公司，也认为实习生经验不足，不可能让学生接触核心业务。如何弥补这样的不足是高校教育应实际考虑的问题，虚拟仿真实验教学模式可以很好地解决这样的问题（薛永基等，2017）。因此虚拟仿真实验教学受到重视，教育部办公厅（教高厅〔2017〕4号）提出开展示范性虚拟仿真实践项目建设规划工作，深入推进信息化和教育教学深度融合，着力提高高等教育实验教学质量和教学水平①。

① 教育部办公厅关于 2017—2020 年开展示范性虚拟仿真实验教学项目建设的通知（教高厅〔2017〕4 号）［EB/OL］.（2017-07-30）［2020-12-03］. http://www.moe.gov.cn/srcsite/A08/s7945/s7946/201707/t20170721_ 309819.html.

虚拟仿真（Virtual Reality，VR）技术是指在通信、网络、多媒体、虚拟现实等技术基础上，通过高科技手段仿真现实中的环境，模拟人与环境的互动和相互影响，以此来增强对真实环境的感受（尹龙等，2018）。虚拟仿真技术主要应用于实验难以实现或者风险和成本过高领域。在高校教学中也可以引入虚拟仿真技术。虚拟仿真实验教学就是引入虚拟仿真技术到实验教学课堂中，利用虚拟仿真技术模拟企业运营环境，模拟真实的企业业务流程，通过线上线下相结合的方式，使得学生更具体和全面地认识真实企业的运作，感受真实企业的业务关系和流转模式，在此基础上，组织学生对仿真实践的结果进行研讨、交流和总结，以此来培养学生专业素养、实践能力、创新能力和团队合作能力（王勇等，2017）。经管类跨专业虚拟仿真实验模拟真实社会环境，将企业搬进校园，可以弥补学生真实实践难于接触企业核心业务、无法参与企业整个经营过程、无法了解企业经营全貌的缺陷（薛永基等，2017）。

新技术、新政策下，各高校都在探索符合新时代要求的培养模式，实验教学作为理论与实际密切联系的教学模式，是培养应用型人才的重要手段。2018 年国家虚拟仿真实践项目认定结果（教高函〔2018〕6 号）中没有经管类专业实验项目①。2019 年又发布关于一流本科课程建设的实施意见，认定万门左右的国家级一流本科课程，其中国家级虚拟仿真实验教学一流课程 1500 门左右②。各高校积极响应，大力发展虚拟仿真实践课程。经管类虚拟仿真实验还处于初期建设阶段，教学目标、教学过程、内容体系、教学考核，甚至教学效果等需要进一步的研究。

国内外也对虚拟仿真技术教学进行经验总结和研究。国外关于虚拟仿真技术应用于教育领域的研究，可从两个角度进行文献梳理。第一个角度是整体说明虚拟仿真技术和实验在教育方面的应用。这类文献主要是说明

---

① 教育部关于公布首批国家虚拟仿真实验教学项目认定结果的通知（教高函〔2018〕6 号）[EB/OL].（2018-06-05）[2020-12-03]. http://www.moe.gov.cn/srcsite/A08/s7945/s7946/201806/t20180615_ 340000.html.

② 教育部. 教育部关于一流本科课程建设的实施意见 [Z/OL].（2019-10-30）[2020-04-23]. http://www.moe.gov.cn/srcsite/A08/s7056/201910/t20191031_ 406269.html.

虚拟仿真技术的教学模式以及综述虚拟仿真技术教育的现状。Heradio et al.（2016）运用文献计量学的方法分析现有文献中最受欢迎的虚拟仿真实践的出版物、研究最多的话题以及人们对这些话题的兴趣是如何演变的。Parong et al.（2018）运用实验法比较了虚拟仿真技术和幻灯片在传授科学知识方面的不同效果，发现使用虚拟仿真学习的测试组表现出积极的学习兴趣。Potkonjak et al.（2016）综述了虚拟实验室和虚拟世界教学教育在科学、技术和工程领域的研究现状。

第二个角度是虚拟仿真技术在某一具体领域的教学模式。这类文献主要是将虚拟仿真技术和传统教育方法进行比较，得出虚拟仿真技术教育模式具有更好的效果。具体的领域主要是自然科学，比较多的是医学和护理学领域的应用（Dubovi et al.，2017；Padilha et al.，2018；Stepan et al.，2017），还有其他自然科学方面，例如地理学（Xiang et al.，2017）、生物化学（Redel-Macías et al.，2016）、机器人编程（Román-Ibáñez et al.，2018）等。

国内现阶段虚拟仿真在经管类专业实验教学中的应用属于新的议题，研究可分为两个类别，第一个类别是在新环境、新时代下运用虚拟仿真技术进行教育模式改革。陆建英（2020）数字化背景下运用企业数字化运营虚拟仿真技术培养经管类人才的途径和方法。李虹（2016）介绍了利用地方经济、行业发展和大众创业的真实数据案例构建以"核心能力导向+专业群引领创业链仿真"实验教学体系。李巧璇（2018）阐述了创新创业虚拟实验平台建设的意义和建设过程。第二个类别是总结某一高校的改革经验和建设成果。尹龙等（2018）以哈尔滨商业大学现代企业商务运营虚拟仿真中心建设为例，探讨虚拟仿真技术与创新创业教育深度融合的问题。薛永基等（2017）介绍了北京林业大学农林业虚拟仿真实践平台的研发、建设、课程建设和培训成效。

从以上的研究现状中可以看出国外的很多研究分析了虚拟仿真技术在自然科学教育方面的应用，而对于经济管理类专业的应用研究特别少。国内的研究主要是以某一所高校的实践为基础，探索了虚拟仿真与经管类专业实践的条件与工具、实践内容与教学模式、实训组织与管理、实践创新之处等。目前这些研究主要是涉及实践前期的建立与中期的实施过程，关于虚拟仿真实践后培养实践能力的效果需要进一步研究，因此本研究以经管类跨专业虚拟仿真实验为基础，对虚拟仿真实验教学效果进行实证分析，研究虚拟仿真跨专业实验对于学生专业能力培养的效率与效果。

一、商科人才培养虚拟仿真实验教学设计与组织

虽然经管类专业虚拟仿真实践项目建设还是比较缓慢的，还处于起步阶段，需要进一步的探索和研究，各高校在投入资源不断地建设虚拟仿真实践项目，以培养高层次应用型人才为目标，通过设立虚拟商业社会实验室，建设和完善经管类跨专业实验教学项目，积累了丰富的经验（林国超，2017；刘丹等，2020），逐步取得成效。

（一）教学技术手段

1. 教学平台

虚拟仿真实验教学平台应具有开放性，扩展性、兼容性和前瞻性（吴军强等，2019）。平台建设可利用云计算、云平台技术，实现"互联网+实验教学"平台，提供适合跨专业实验的技术环境，并且提供了强大的计算能力与存储能力，为高校建设虚拟仿真综合实验，构建虚拟商业社会环境提供便利。

2. 跨专业虚拟仿真实验软件

软件在跨专业虚拟仿真实验的教学中将相关主体进行联结。首先，经管类虚拟仿真综合实验模拟商业社会环境，不仅涉及公司内部各部门之间的关系，还涉及公司与外部的联系，不仅涉及整体供应链的关系，还涉及相关政府部门、律师事务所、国际贸易等，因此要用信息化软件将其联系起来。其次，软件存储学习过程涉及的资料和相关信息，方便学生通过查

阅资料自主学习。最后，软件将授课教师与学生进行联结，教师通过软件发放任务、检查任务进度和完成情况，学生通过软件反馈问题，方便师生互动，保证教学质量。

3. 教学硬件设施和环境

除了相关软件设施，还需要硬件设施，模拟真实的虚拟商业环境。可将实验室建设成真实的商业社会环境，设有银行柜台、行政服务中心、企业办公室等，力求与真实环境相符。在仿真实验时，使学生感觉置身于真实的工作环境，增强代入感，促使学生调整自身的角色。

（二）实验教学团队建设

跨专业虚拟仿真综合实验是面向经管类各专业的学生，涉及的任务也是公司经营的各个方面，因此在教学时需要设立跨专业、综合性的教师队伍。教师的专业涉及经管类各专业。教师队伍既需要负责理论教学还需要负责实验教学，不同专业教师相互配合，负责不同的专业模块。不同专业教师组合能够针对性解决学生问题，提高实验教学效果。

（三）教学资源

跨专业虚拟仿真综合实验注重学生的自主学习和解决问题的能力。实验教学平台具有丰富的教学资源，首先是实验教学平台的任务节点有关于任务说明的文件。学生根据任务内容查询案例库和教学资源库，帮助完成任务要求。其次讨论区和工作群可共享资源。另外虚拟仿真实验教学组编写了相关教材，方便学生查阅。

（四）跨专业虚拟仿真实验教学体系

1. 虚拟仿真实验教学体系

虚拟仿真实验教学体系的理论基础是价值链理论和供应链理论。供应链是"围绕核心企业，通过对信息流、物流、资金流的控制，从采购原材料开始制成中间产品以及最终产品，最后由销售网络把产品送到消费者手中。它是将供应商、制造商、分销商、零售商、直到最终用户连成一个整体的功能网链模式"。将供应链融入虚拟仿真综合实验的课程体系设计，模拟现实中的供应链，形成了涉及供应链各节点企业、外包服务和窗口业务等功能模块的实验项目。其中节点企业包括供应商、制造商和分销商；外包服务项目包括物流外包、招投标服务、广告投放服务、质量管理体系认证服务、咨询服务；窗口业务包括人力资源和社会保障局、工商局、税务局、海关，如图 11-1 所示。

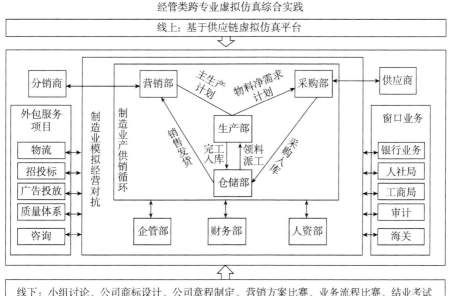

图 11-1　经管类跨专业虚拟仿真实验教学体系

2. 实验教学流程与内容

虚拟仿真实验教学模拟真实的商业社会环境，对于学生来说既是"上班"又是上课。以循序渐进的方式，教学流程由层层递进的四个阶段组成。第一阶段是组建团队，主要内容有实习动员和性格测试。实习动员和互动小游戏，让不同专业的学生相互之间快速熟悉。性格测试方便学生了解自我，填写简历为后续找工作做好准备。第二阶段是固定经营阶段，这一阶段主要是教学体系中的固定任务和固定业务数据，其主要目标是熟悉岗位工作和公司的各项业务流程。第三阶段是自主经营阶段，在第二阶段基础上，这一阶段假设虚拟环境发生变化，学生要根据新的变化自主经营，目标是锻炼学生的经营管理和决策能力。第四阶段是将业务扩展至国际范围，加入国际贸易和国际物流相关知识，锻炼国际业务能力，可与相关外语进行结合，锻炼学生利用外语的能力，如图 11-2 所示。

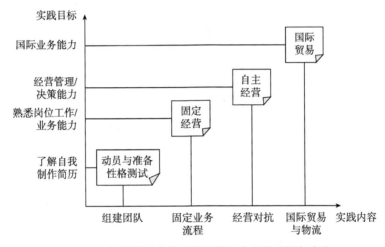

图 11-2　经管类跨专业虚拟仿真综合实验流程与内容

（五）多考核方式

经管类跨专业虚拟仿真实验教学采用多元化考核方式，多渠道、多方位、多途径考核学生，达到教学目标和人才培养要求（戴志锋，李春艳，2019；毕继东，2018；邓文博，2017）。考核形式主要有公司绩效考核、项目考核、结业考试三种，考核方式如表 11-1 所示。公司绩效考核主要是关于工作绩效的考核，是为了实验课程符合社会化的建设需求。项目考核是关于业务能力考核，是为了实验课程符合职业化的建设需求。结业考试全部采用项目式题样和案例式题样进行，是为了保证仿真实验教育的建设质量。

表 11-1　虚拟仿真实验教学多元化考核方式

考核方式	考核内容
公司绩效考核（30%）	1. 是否服从公司工作安排； 2. 完成当月规定的业务工作量； 3. 遵守公司管理规章制度； 当月内没有出现一次及以上工作失误，或两次及以上二级工作失误，或三次及以上三级工作失误。 4. 因私请假/旷工/次数
项目考核（30%）	1. 业务流程比赛； 2. 营销方案比赛
结业考试（40%）	关于企业运营仿真综合实验的结业考试，分为开卷和闭卷形式

二、实验教学特色

（一）学生为主，教师为辅

运营仿真综合实验教学平台模拟真实的商业社会环境，以锻炼学生实践能力为目标，学生在全仿真的虚拟环境下，将自己融入社会环境，教学过程既是上课，又是"上班"，因此在教学设计和教学实施时，秉承"学生为主，教师为辅"的理念，采用角色扮演的模式让学生沉浸在仿真的社会环境中，完成与角色岗位相符的任务，试错后发现问题和寻求各种途径解决问题。以启发教学促进自主学习，以自主学习提升学习能力，以学习能力提升社会适应能力。

（二）线上与线下相结合

依托云平台建设，虚拟仿真教学通过平台将各模块的业务分为前后关联的任务点，将任务点有顺序、有逻辑地推送给学生。学生根据任务点的资料和操作要点"跑业务、做任务"，在自主学习、查阅资料、小组讨论基础上完成平台任务，再由教师根据学生的任务完成情况给予指导和讲解，以错促学。同时授课教师设计了线下任务，主要有公司章程制定、公司商标设计、营销方案比赛。

（三）与外语结合

虚拟仿真综合实验涉及国际贸易模块，在实验中加入英语外贸函电、询盘、发盘、还盘等内容。针对国际贸易专业的对日、对法创新班在授课中加入日语和法语元素。以此鼓励学生应用英语，发展第二外语，增加毕业后职场竞争力。

三、虚拟仿真实验教学实施效果实证分析

经过多年的建设，经管类跨专业虚拟仿真综合实验取得了显著教学效果。开设"经管类跨专业虚拟商业社会环境"等实训课程，每次约120人参与，每年授课学生达2800人。经过几十轮教学，取得了良好的教学效果。首先人才培养成效卓越。增强学生实践能力，团队合作能力，有效提升了学生业务能力，加深了学生对企业整体经营管理的认识。其次培育学生创新创业潜能。国家级大学生创新创业项目与虚拟仿真实验相结合，系统讲授大创知识，拓宽学生思维。最后创新创业孵化基地、就业指导与虚拟仿真平台相结合。通过仿真虚拟商业社会环境，了解企业经营管理和业务流程，帮助学生创业和就业。这些教学效果可以通过实证进行分析。

（一）问卷设计

问卷使用的变量包括：使用便利性感知（EU）、效果感知（PU）、态度（A）、继续使用意愿（I）、专注程度（C）。使用便利性表示用户认为一种教育方式相对容易使用的程度；课程有效性表示一种教育方法被认为优于其前身的程度；态度表示用户喜爱程度，即喜欢使用教育方法的程度；继续使用意愿表示用户打算在未来采用或增加使用该方法的程度；专

注程度表示用户对其活动保持专一性、集中注意力的程度。其中课程有效性是衡量虚拟仿真课程效果的重要指标。为了保证问卷的合理性，分别采用四个指标对课程有效性和使用便利性进行了测量，态度和专注程度分别采用三个指标进行测量。每个指标使用 7 点里克特量表进行评估，7 点代表"强烈同意"，1 点代表"强烈不同意"。

（二）资料收集

此次调查的对象为参与虚拟仿真实验教学的学生，学生的专业为物流管理、市场营销、经济统计学、国际经济与贸易、资产评估、会计学、审计学、金融学、财务管理，学生的年级为大三，完成虚拟仿真实验教学之后受试者完成一份不记名的问卷调查。共 236 人参与此次虚拟仿真综合实验，回收问卷 217 份，回收率为 92%。样本人群中 21.2% 是男性，78.8% 是女性。

（三）数据分析

为了确保变量的内部一致性，需测量每一个变量的结构信度和效度，利用 SPSS 2.0 版本计算每一个量表的 Cronbach's a 值（见表 11-2），每个变量的 Cronbach's a 值均大于 0.8，显示了问卷合理的可靠水平。采用方差最大旋转的主成分分析法，检验了结构效度。根据因子分析结果，每个变量具有较高因子载荷，表明个别项目也具有判别效度。

表 11-2　各变量信度和因子载荷

变量	因子载荷					Cronbach's Alpha
	效果感知	便利性感知	态度	继续使用意愿	专注	
PU1	0.837					
PU2	0.865					0.952
PU3	0.852					
PU4	0.839					

续表

变量	因子载荷					Cronbach's Alpha
	效果感知	便利性感知	态度	继续使用意愿	专注	
PEU1		0.509				
PEU2		0.573				0.829
PEU3		0.659				
PEU4		0.698				
A1			0.862			
A2			0.887			0.938
A3			0.865			
I1				0.858		
I2				0.860		0.929
I3				0.884		
C1					0.865	
C2					0.818	0.939
C3					0.843	

根据统计结果，便利性感知、态度、继续使用意愿、专心和课程效果都达到了中上的分数。这说明受试者比较喜爱虚拟仿真教学方法、在实验过程中可专注实验，有较大的意愿在后续的工作学习中继续使用这种教学方法。

对课程效果的影响进行了方差分析，F 值和 P 值也表明虚拟仿真实验方法取得了较好的课程效果（见表 11-3）。

表 11-3　变量的平均值和标准差以及对课程教学效果感知的影响

变量	数量	平均值	标准差	F 值	P 值
便利性感知	217	4.8945	0.982	6.123	0.00001
态度	217	5.537	1.14806	16.177	0.00092
继续使用意愿	217	5.372	1.247	16.158	0.00103
专心	217	5.502	1.146	11.799	0.00005
效果感知	217	5.410	1.183		

值得注意的是，便利性感知的分数只达到了中等水平，这说明在执行虚拟仿真实践时，受试者感觉实验课程使用不是特别便利。根据调查总结原因如下：①受试者刚开始接触虚拟仿真这种方式，对于平台、软件或者其他工具的使用不熟练；虚拟仿真实验方法希望学生能够真实地反映现实，适当提高学生的自主能力，降低教师的主导作用，在模拟企业经营时，学生需要根据任务自己查询相关资料和自主判断。对于这种"学生为主、教师为辅"的模式，学生也需要一个适应过程。②虚拟仿真实验课程模拟的是真实的商业社会环境，模拟真实供应链中企业之间的业务往来和企业之间业务流程的流转。这些本身就是很复杂的系统，学生初次担任某岗位的职位，接触专业业务，需要一个学习和适应的过程。③虚拟仿真实验是不同专业、不同班级的学生初次见面组建团队，一起分工合作，默契程度不足，需要花时间沟通交流。

应用型人才培养越来越受到高校教育重视，实验教学是应用型人才培养的重要环节。随着技术进步，虚拟仿真技术在教学领域的应用已经非常广泛，虚拟仿真综合实验是实验教学的重要手段之一。虚拟仿真实验的教学方式受到青睐，通过云平台、信息化软件开发，实验室硬件环境建设等手段模拟真实的商业社会环境；通过角色扮演，组建团队模拟供应链运营和公司运作；学生自主选择岗位、自主完成任务，体验企业经营流程和经营决策过程，提升业务能力、决策能力和创新能力。不断完善教学体系和进行模式创新，投入资源和不断完善教学方案和教学模式（杨柳等，2020；俞凯兰，2019），培养符合时代发展的应用型人才。

共建"一带一路"倡议下，人才的综合能力越强、职业素质越高对进入职场具有显著优势。跨专业虚拟仿真实验强调"职场化"和"真实性"，对培养学生综合能力和职业素质具有重要的作用，是培养复合型人才和应用型人才的重要手段，是高校探索人才培养新模式的重要途径。本章首先从教学技术手段、教学团队、教学资源等方面分析跨专业虚拟仿真实验教学平台设计与建设，其次从目标、教学内容、教学考核方式、教学特点等几方面分析经管类跨专业虚拟仿真实验的教学体系，在实际教学中取得了良好成效。通过问卷调查受试者对虚拟仿真实验教学的便利性、态度、继续使用意愿、专注和教学效果进行数据收集，分析结果表明虚拟仿真实验能够提高教学便利性，对学生专注力、使用意愿的提高具有很大的作用，虚拟仿真实验具有良好的教学效果。因此，充分利用虚拟化技术、电子学习系统等现代信息技术来提高教育效率显得尤为重要。虚拟仿真技术现在已广泛应用于实验教学并发挥重要作用。

第四篇

案例篇

第12章　基于 SLP-GA 电商仓库布局优化设计

共建"一带一路"倡议背景下，电子商务的快速发展带来了中国快递包裹数量的井喷式增长。2022 年，邮政行业寄递业务量累计完成 1391.0 亿件，同比增长 2.7%。其中，快递业务量累计完成 1105.8 亿件，同比增长 2.1%；邮政寄递服务业务量累计完成 285.2 亿件，同比增长 5.0%①。随着互联网电商的兴起，中国服装电商行业也发展迅猛，国家统计局数据显示，2021 年中国限额以上单位服装类商品零售额达 9974.6 亿元，预计2025 年达 11071.8 亿元②。随着快递数量的持续增长，各电商仓库面临着巨大的压力，频繁爆仓的问题屡见不鲜。作为连接电商快递系统中仓库与配送网站的关键节点，电商仓库的分拣效率直接影响着整个物流环节的运作效率和服务水平。然而，目前大多数电商仓库存在设施规划不合理的问题，导致货物堆积和通道堵塞等现象时有发生。这种情况严重影响了电商仓库的运作效能，亟须采取合理的设施规划来优化仓库布局，提高分拣效率，以应对日益增长的快递需求。

对比传统企业仓储通过静态存储以保证经营的持续性需求，电商仓储

---

① 国家邮政局. 国家邮政局公布 2022 年邮政行业运行情况 ［EB/OL］. （2023-01-18）［2023-11-15］. https://www.mot.gov.cn/tongjishuju/youzheng/202301/t20230130_ 3747917.html.

② 艾媒咨询. 2022—2023 年中国服饰行业发展与消费趋势调查分析报告 ［EB/OL］. （2022-06-21）［2023-11-15］. https://www.iimedia.cn/c400/86161.html.

对于供应链快速流动性的需求更加迫切,具有库存周转快、进出库效率、准确率要求高等特点(Li et al.,2019;Yang et al.,2020)。而影响仓储效率的因素主要有技术水准及仓库布局,合理的仓库布局能够减少分拣时间,提高分拣效率,进而为商品配送提供快捷高效的服务(Horta et al.,2016)。对仓库进行合理的布局和设计是电商仓储管理尤为重要的一个环节,如果仓库不进行合理布局,仓库管理就会出现安全问题,不仅会降低仓库的作业效率,而且很难对货物信息进行统计收集,这样会成为企业成长的阻碍(Yang et al.,2020)。Mahmud et al.(2020)指出,电子商务企业的成本结构正在发生显著变化,电子商务物流成本比重逐年增长。许多电商企业仓储成本居高不下多数是因为仓库货区布局的问题,在规定的范围内进行平面的合理安排和布置,最大限度地提高仓库的储存能力和作业能力,能大大降低各项仓储作业费用。

中小电商企业的仓库管理往往存在较大的缺陷,从而导致仓库效率不高,支出却不少的局面。如能较好地管理库存,就能降低库存成本,增加仓库吞吐量,提高发货速度及准确性,提升客服的满意度(Horta et al.,2016),从而提高销售业绩,促进中小电商的发展。但不同于传统仓库,电商仓库对订单及时率要求极高,更关注货品的周转效率,偏流通性,而且出库以"多品种、小批量、多批次、高频率"为主(Boysen,Koster,Weidinger,2019;Boysen,Stephan,Weidinger,2019),尤其是"双11"、"双12"的大订单量,对于货物管理有着更复杂、更高标准的要求,再加上中小电商没有过多的资金投建先进的信息技术,这也注定了电商仓库比起传统仓库更难管理。

目前,很多中小电商企业的仓内规划不够合理(搜狐网,2019),如:搬运距离远、工作效率低、空间利用率低、路径不优化、货物摆放混乱等问题,导致找货时间长,错拣、漏检概率高,严重影响发货效率。而且对库存掌握不够准确,经常出现缺货,不仅影响用户体验,还错失了一个个销售机会,降低客户满意度和忠诚度(Horta et al.,2016)。本章采用SLP—GA方法以A电商仓库为例进行重新布局,研究发现优化后可以大幅降低拣选费用。

设施布局问题（FLP）是在考虑总成本最小化的情况下，对制造商、工厂、公司或组织的各种设施进行布局的问题。设计良好的设施可以显著提高吞吐量、整体生产率和效率（Al-Zubaidi et al.，2021；Erik et al.，2021；Uribe et al.，2021）。设备布局问题（FLP）有着悠久的研究历史（Sadrzadeh，2012），在设施布局优化方面，启蒙运动始于 20 世纪初，一直持续到 30 年代，由于时代的限制，没有系统的理论和方法，而依赖于人的主观经验（Li et al.，2019），从 20 世纪 40 年代到 60 年代，设施布置问题进入了一个快速发展的时期。针对解决 FLP 问题不同的学者提出不同的方法，这些方法可以分为建设性的、改进的、启发式的、精确的、混合的、离散的、定量的、定性的和分析的方法（Sadrzadeh，2012）。Zuniga et al.（2021）提出了一种基于仿真优化的制造业大规模定制背景下的设施布局设计方法，该方法同时考虑了生产和物流约束。在设计布局时，功能区的位置必须保证人员或物料搬运设备在整体规划空间的总移动距离最小（Solimanpur et al.，2008）。Systematic Layout Planning（SLP）是 Richard Muther 在 1961 年提出的方法，广泛应用于工厂和车间设备布局领域，这一方法强调通过分析和优化作业单位之间的物流关系，实现高效的空间利用和生产流程（Li et al.，2019）。

SLP 主要关注工作单元之间的相对位置，通过分析它们之间的物流关系，提供一种全面的、系统性的规划设计方法。然而，具体的设备位置通常需要在 SLP 的基础上进行进一步考虑，结合其他因素如设备特性、工艺流程等，以得出最优的空间布局（Guo et al.，2012）。需要结合其他方法和因素进行更为精细和全面的设备位置规划，为此人们发展了各种解决方法，这些方法可以分为精确、启发式和元启发式优化方法（Besbes et al.，2020；Mahmud et al.，2020），其中智能优化算法通过使用组合优化的方法得到目标函数的最优解（Guo et al.，2012）。Nabavi et al.（2016）以将管道成本、占用土地成本和人员损失这些总成本最小化为目标函数，采用遗传算法优化伊朗伊斯法罕石油化工出口罐区设施布局，并对结果进行模拟仿真，发现效果优良。Hou et al.（2019）提出分层编码遗传算法在不等面积生产设施布局优化中的应用。他们采用切片树的方法，将每个设施的布局空间划分为多个区域，遗传算法采用分层编码的方法来显示切片过程。结果显示该方法可为多设施快速优化布局提供决策支持。Guo et al.（2012）指出遗传算法和粒子群算法（PSO）这两种经典的优化智能算法，在有限的迭代次数内能够发现目标函数的最优解或者接近最优解。在解决复杂问题时表现出很高的效率，为问题的求解提供了可行而有效的方法。

前面的学者主要关注的是单层设施布局。然而，在激烈竞争中，由于公司的职能和活动的性质，使用多层结构布局显然更有效，而且在某些情况下是必要的（Ahmadi et al.，2017）。Ahmadi et al.（2017）从不同的角度对多层设施布局的文献进行收集、整理和分析。Ejeh et al.（2018）和 Ha et al.（2016）以总布局成本最小为目标函数，建立了多层布局问题的数学模型，并采用混合整数线性规划方法确定最优的多层布局。Arnaout et al.（2020）采用蚁群算法解决多层仓库布局问题。Che et al.（2017）采用精确的 c-约束方法求解多层设施布局（exact c-constraint method）。根据对现有文献的回顾，关于电子商务仓库设施布局的文献很少。电子商务仓库布局有其特殊性，有必要对其进一步研究。

一、公司介绍及问题描述

本个案是一家通过互联网销售服装、鞋子、箱包、皮具、玩具等商品的电子商务公司，包括线上和线下销售。该公司具有多个仓库，每个仓库负责不同产品的发货，其中鞋服仓库面积 2000 平方米，总长 50 米，总宽 40 米，主要负责鞋子、服装的销售。因本章主要是针对电商企业仓库布局优化，且其线下、线上销售的仓库分开，所以，本章的数据仅针对在线销售数据，线下销售的资料不涉及，如图 12-1、图 12-2 所示。

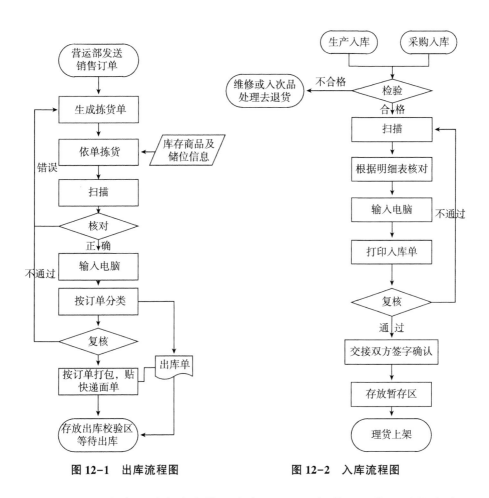

图 12-1　出库流程图　　　　图 12-2　入库流程图

通过实地考察及对仓库主管、仓库经理及现场管理工作人员的访谈，发现仓库管理工作仅是停留在表面，其中比较严重的问题是员工工作效率低，搬运路线过长，多次搬运等，而导致这些问题的根源是仓库布局不合理（见图 12-3），图 12-4 是该公司鞋服仓的初始布局。

因为服装和鞋子同一款式涉及多个码数及颜色，同时为了吸引和满足更多客户，该公司的 SKU 数量庞大。B2C 模式下，需要仓库能够非常精准地按照客户订单进行拣选打包，对仓储物流的订单作业效率及准确性方面要求都非常高。与相对成熟的传统销售渠道相比，电商的销售额不可预

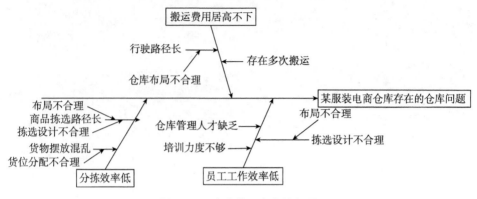

图 12-3　仓库管理存在的问题

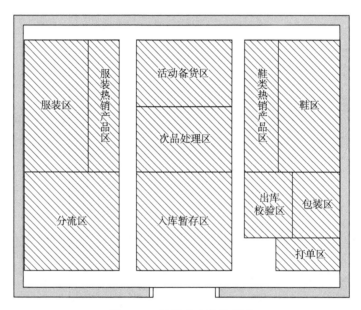

图 12-4　鞋服仓库总平面图

控，特别是各种大促期间，如"双 11"、"双 12"等引来的大量订单，数量不可控。因此，我们更应优化电商仓库的布局，节省仓库的运营成本、减少物流费用的开销、提高订单拣选效率。

电商仓库布局不仅要考虑物流活动，还应考虑非物流活动。SLP 综合分析定量的物流相互关系及定性的非物流相互关系基础上得到作业单位相互关系密切程度，并以此作为评定各部门之间的相关程度来优化仓库布局（Li et al.，2019）。该方法逻辑性强，其综合考虑物流和非物流活动，但 SLP 方法在解决布局问题时容易受到规划者主观因素的影响，导致得到的布局方案因人而异。此外，需要进行烦琐的手工调整以满足实际要求，特别是在分区较多的情况下，调整的工作量相当庞大（Feng et al.，2012）。相较之下，遗传算法具有卓越的全局搜索能力，能够快速地搜索解空间中的所有解。此外，利用遗传算法的内在并行性，可以方便地进行分布式计算，从而加快求解速度。这使得遗传算法在解决布局问题时表现出更高的效率和灵活性。

为了提高该仓库的运作效率，本案例从仓库的出入库流程出发，针对其内部布置不合理，物资摆放不整齐，物流路线不顺畅，仓库管理不严格等问题，运用 SLP 方法与原理，通过对各作业单位之间物流和非物流关系的全面分析，得到了综合的相互关系。在此基础上，建立了以综合关系最大化和物流费用最小化为目标函数的数学模型，最终采用遗传算法求解最优的仓库布局方案。这一方法旨在优化仓库内部结构，提升整体物流效能，使仓库运作更加高效。

二、基于 SLP 综合关系确定

（一）物流关系分析

为了便于后面的建模，首先将各功能区进行编码，见表 12-1。

表 12-1　功能区编号表

功能区编号	功能区域	功能区编号	功能区域
1	入库暂存区	2	打单区
3	分流区	8	鞋区
4	打包区	9	鞋类热销产品区

续表

功能区编号	功能区域	功能区编号	功能区域
5	次品处理区	10	活动备货区
6	服装区	11	出库校验区
7	服装热销产品区		

物流量是指一定时间内通过两物流点间的物料的数量，物流强度是指物料移动的距离和数量，其计算公式为：物流强度 = 物流距离 × 运量。SLP理论中将物流强度转化成 5 个等级，分别对应着 A、E、I、O、U 这 5 个符号，物流强度等级表如表 12-2 所示。

表 12-2　物流强度等级划分表

物流强度等级	等级符号	物流路线比例/%	承担物流量比例/%	量化值
超高物流强度	A	10	40	4
特高物流强度	E	20	30	3
较大物流强度	I	30	20	2
一般物流强度	O	40	10	1
可忽略搬运	U	—	—	0

经过对 A 电商仓库现场的调研，统计各功能区之间的物流量，并依据物流量计算出物流强度，依据表 12-2 中的物流强度等级划分标准对其划分等级。最终得到的该仓库物流强度及其等级汇总表（见表 12-3），其中作业单元起止点的数字为功能区域编号。

表 12-3　功能区物流强度及其等级汇总表

序号	作业单元对	运输量/件	距离/米	物流强度/ （件·米）	物流强度 占比/%	物流等级 划分	累计物流 强度占比/%
1	6-4	650	56.25	36562.5	19.56	A	19.56
2	1-3	1450	17.5	25375	13.57	A	33.13
3	3-8	400	55	22000	11.77	A	44.90
4	3-10	330	40	13200	7.06	E	51.96

续表

序号	作业单元对	运输量/件	距离/米	物流强度/ （件·米）	物流强度 占比/%	物流等级 划分	累计物流 强度占比/%
5	7-4	255	48.75	12431.25	6.65	E	58.61
6	4-11	1550	7.5	11625	6.22	E	64.83
7	10-4	260	41.25	10725	5.74	E	70.56
8	3-6	500	20	10000	5.35	I	75.91
9	3-9	200	47.5	9500	5.08	I	80.99
10	3-4	230	41.25	9487.5	5.07	I	86.07
11	8-4	430	16.25	6987.5	3.74	I	89.80
12	3-7	260	22.5	5850	3.13	O	92.93
13	1-11	298	16.25	4842.5	2.59	O	95.52
14	9-4	166	23.75	3942.5	2.11	O	97.63
15	3-5	100	30	3000	1.60	O	99.24
16	5-11	60	23.75	1425	0.76	O	100.00

运输量合计：7139 件

物流量合计：186954 件

（二）非物流关系分析

物流相关性分析侧重物流量的分析，然而非物流关系如人员流动、安全及污染、数据传递、监督及管理方便等（Li et al., 2019），对设施功能布局同样具有重要影响。因为在进行非物流关系分析时往往比较倚重于经验，在不同的应用背景下，非物流关系的影响因素也不同，依据该仓库的实际情况给出非物流关系评定标准（见表12-4），以便综合评估作业单位之间非物流关系的相关性。为了使判断能够更加贴近反映真实的情况，首先我们根据对现场工作人员工作流程的描述整理出各功能区间的非物流关系表，再根据这个关系表，请仓储部经理、主管以及工作组组长，依据表12-5等级划分标准，对这些非物流关系的重要性进行评级，最终得到非物流关系强度等级，见表12-6。

表12-4　非物流关系评定因素

编号	理由
1	文件、单据往来
2	使用相同设备
3	使用相同人员
4	工作流连续性
5	储存物品的相似性
6	工作联系频繁
7	便于监督与管理

表12-5　作业单位相互关系等级表

关系等级	密切程度	所占比例/%	量化值
A	绝对重要	2~5	4
E	特别重要	3~10	3
I	重要	5~15	2
O	一般	10~25	1
U	不重要	45~80	0
X	不希望靠近	酌情考虑	-1

表12-6　作业单元间的非物流关系分析表

序号	作业单元对	评级因素	非物流关系强度等级	序号	作业单元对	评级因素	非物流关系强度等级
1	6月7日	2、3、4、5、6、7	A	5	3月8日	2、3、4	E
2	8月9日	2、3、4、5、6、7	A	6	3月9日	2、3、4	E
3	3月6日	2、3、4	E	7	3月10日	2、3、4	E
4	3月7日	2、3、4	E	8	1月3日	3、4、6	I
9	6月8日	2、3、7	I	20	5月2日	1	O
10	6月9日	2、3、7	I	21	6月2日	1	O
11	6月10日	2、3、7	I	22	7月2日	1	O

序号	作业单元对	评级因素	非物流关系强度等级	序号	作业单元对	评级因素	非物流关系强度等级
12	6月4日	4、6	I	23	8月2日	1	O
13	7月4日	4、7	I	24	9月2日	1	O
14	8月4日	4、8	I	25	10月2日	1	O
15	9月4日	4、9	I	26	5月11日	4	O
16	1月5日	3、4	O	27	10月4日	4	O
17	1月2日	1、6	O	28	2月4日	1	O
18	2月11日	1、6	O	29	4月11日	4	O
19	3月2日	1	O				

（三）综合关系分析

将物流与非物流相互关系进行综合，得到作业单位 i 与其他各作业单位 $j(j=1, 2, \cdots, n, j \neq i)$ 的综合关系密切程度 CR_{ij}：

$$CR_{ij} = mMR_{ij} + nNR_{ij} \qquad （12-1）$$

其中，CR_{ij} 表示的是 i 和 j 非物流和物流的综合关系密切度；

MR_{ij} 表示的是不同功能区 i 和 j 物流关系的密切度；

NR_{ij} 表示的是不同功能区 i 和 j 非物流关系的密切度；

$m : n$ 表示的是物流关系与非物流关系之间的比值，$m : n$ 的取值一般在 $1 : 3 \sim 3 : 1$ 之间（Li et al., 2019）。考虑到本电商仓库偏向流通型，物流关系对整个运营有着重要的影响，所以设置物流因素和非物流因素的相对重要性比值 $m : n = 3 : 1$。

通常是将非物流关系和物流关系中的等级量化，数值化后用权重的方法得出综合数值表，最后将数值表等级化。一般等级取值 $A = 4$、$E = 3$、$I = 2$、$O = 1$、$U = 0$。

根据公式（12-1）计算得出该仓库作业单位对之间的综合关系，如表 12-7 所示。

表 12-7　功能区综合相互关系等级表

| 作业单元对 | 关系密切等级 | | | | 综合关系 |
| | 物流关系加权值为 3 | | 非物流关系加权值为 1 | | |
	等级	分数	等级	分数	分数
1-2	U	0	O	1	1
1-3	A	4	I	2	14
1-5	U	0	O	1	1
1-11	O	1	U	0	3
2-3	U	0	O	1	1
2-4	U	0	O	1	1
2-5	U	0	O	1	1
2-6	U	0	O	1	1
2-7	U	0	O	1	1
2-8	U	0	O	1	1
2-9	U	0	O	1	1
2-10	U	0	O	1	1
2-11	U	0	O	1	1
3-4	I	2	U	0	6
3-5	O	1	U	0	3
3-6	I	2	E	3	9
3-7	O	1	E	3	6
3-8	A	4	E	3	15
3-9	I	2	E	3	9
3-10	E	3	E	3	12
4-6	A	4	I	2	14
4-7	E	3	I	2	11
4-8	I	2	I	2	8
4-9	O	1	I	2	5

| 作业单元对 | 关系密切等级 | | | | 综合关系 |
| | 物流关系加权值为 3 | | 非物流关系加权值为 1 | | |
	等级	分数	等级	分数	分数
4-10	E	3	O	1	10
4-11	E	3	O	1	10
5-11	O	1	O	1	4
6-7	U	0	A	4	4
6-8	U	0	I	2	2
6-9	U	0	I	2	2
6-10	U	0	I	2	2
8-9	U	0	A	4	4

由表 12-7 可以转化成如表 12-8 所示的各功能区的综合关系表。

表 12-8　各功能区之间综合关系表

功能区编号	1	2	3	4	5	6	7	8	9	10	11
1		1	14		1						3
2			1	1	1	1	1	1	1	1	1
3				6	3	9	6	15	9	12	
4						14	11	8	5	10	10
5											4
6							4	2	2	2	
7											
8									4		
9											
10											
11											

三、数学建模

（一）模型假设

本案例仓库布局优化的主要目的是实现功能区之间非物流关系的最大化和物料搬运成本的最小化，本研究根据这两个目标和设施布置的相关理论，建立电商仓库布局优化模型。根据本案例的实际情况，该布局优化模型主要的假设条件有：

a. 仓库的功能区布局为共平面；

b. 仓库的规划区域及各功能区的形状为矩形，且功能区的边分别与仓库总布局坐标图的 X 轴和 Y 轴平行（见图 12-5）；

c. 功能区之间不可重复占据同一个位置；

d. 不同功能区间单位运输成本近似一致；

e. 各作业单位进出点都为其中心点，(x_i, y_i) 和 (x_j, y_j) 分别为功能区 i 和 j 的中心点坐标。

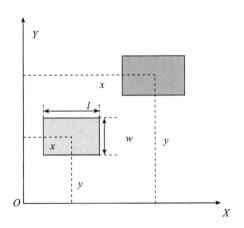

图 12-5　功能区布局坐标示意图

（二）目标函数

本仓库布局优化的目标是：（1）减少物料搬运成本，（2）增加有密切联系的作业单位间的紧密程度。因此，以物料搬运费用（ F_1 ）最小化和功能区之间总的综合相互关系（ F_2 ）最大化为目标建立目标函数。

$$\min F_1 = \sum_{i=1}^{10} \sum_{j=i+1}^{11} c_{ij} f_{ij} d_{ij} \qquad (12-2)$$

$$\max F_2 = \sum_{i=1}^{10} \sum_{j=i+1}^{11} T_{ij} b_{ij} \qquad (12-3)$$

其中， i 和 j 为功能区的编号，且 $i \neq j$ ； c_{ij} 为功能区 i 和 y 之间的单位搬运成本； f_{ij} 为功能区 i 和 y 之间的物流量； d_{ij} 为功能区间距，由于在搬运物料过程中，一般为横向搬运或纵向搬运，所以这里用 i 和 j 之间的曼哈顿距离 $d_{ij} = |x_i - x_j| + |y_i - y_j|$ ； T_{ij} 是根据表 12-1 得到的综合相互关系值； b_{ij} 为功能区 i 与 j 之间的邻接度（功能区之间的接近程度），由两者之间的距离和功能区之间的最大距离 d_{max} 共同确定，本案例 $d_{max} = 40 + 50 = 90$ 米，见表 12-9。

表 12-9 功能区之间邻接度量化表

数值区间划分	b_{ij}	数值区间划分	b_{ij}
$0 < d_{ij} \leqslant \dfrac{d_{max}}{6}$	1	$\dfrac{d_{max}}{2} < d_{ij} \leqslant \dfrac{2d_{max}}{3}$	0.4
$\dfrac{d_{max}}{6} < d_{ij} \leqslant \dfrac{d_{max}}{3}$	0.8	$\dfrac{2d_{max}}{3} < d_{ij} \leqslant \dfrac{5d_{max}}{6}$	0.2
$\dfrac{d_{max}}{3} < d_{ij} \leqslant \dfrac{d_{max}}{2}$	0.6	$\dfrac{5d_{max}}{6} < d_{ij} \leqslant d_{max}$	0

为方便求解，需要将多目标函数转化为单目标函数。考虑物料搬运费用（ F_1 ）与总的综合相互关系（ F_2 ）的量纲不同，所以我们对目标函数进行归一化，最终得到的单目标函数为：

$$\min F = \frac{\sum\limits_{i=1}^{10} \sum\limits_{j=i+1}^{11} c_{ij} f_{ij} d_{ij}}{\sum\limits_{i=1}^{10} \sum\limits_{j=i+1}^{11} c_{ij} f_{ij} d_{\max}} - \frac{\sum\limits_{i=1}^{10} \sum\limits_{j=i+1}^{11} T_{ij} b_{ij}}{\sum\limits_{i=1}^{10} \sum\limits_{j=i+1}^{11} T_{ij}} \qquad (12\text{-}4)$$

（三）约束条件

实现目标函数最优化还必须满足下述约束条件。

（1）功能区间不重叠：

$$|x_i - x_j| \geqslant \frac{l_i + l_j}{2} \qquad (12\text{-}5)$$

$$|y_i - y_j| \geqslant \frac{w_i + w_j}{2} \qquad (12\text{-}6)$$

（2）功能区不超出规划范围：

$$\frac{l_i}{2} \leqslant x_i \leqslant 50 - \frac{l_i}{2} \qquad (12\text{-}7)$$

$$\frac{w_i}{2} \leqslant y_i \leqslant 40 - \frac{w_i}{2} \qquad (12\text{-}8)$$

（3）服装区与服装热销产品区相邻，鞋区与鞋类热销产品区相邻：

$$a_1 |x_6 - x_7| + b_1 |y_6 - y_7| = a_1 \frac{l_6 + l_7}{2} + b_1 \frac{w_6 + w_7}{2},$$

$$a_1 \text{、} b_1 = 0 \text{ 或 } 1, \text{ 且} a_1 + b_1 = 1 \qquad (12\text{-}9)$$

$$a_2 |x_8 - x_9| + b_2 |y_8 - y_9| = a_2 \frac{l_8 + l_9}{2} + b_2 \frac{w_8 + w_9}{2},$$

$$a_2 \text{、} b_2 = 0 \text{ 或 } 1, \text{ 且} a_2 + b_2 = 1 \qquad (12\text{-}10)$$

（4）入库暂存区放在靠近门的地方：

$$y_1 = \frac{w_1}{2} \qquad (12\text{-}11)$$

（5）仓库货架按横列式布局，垂直于 X 轴方向将仓库分成 15 米宽的三大布局区，有两个主通道 2.5 米，用于小型叉车通过。

$$x_i + \frac{l_i}{2} \leqslant 15$$

$$或 x_i - \frac{l_i}{2} \geqslant 17.5 \text{ 且 } x_i + \frac{l_i}{2} \leqslant 32.5$$

$$或 x_i + \frac{l_i}{2} \geqslant 35 \tag{12-12}$$

（6）面积约束：

$$x_i \times y_i = s_i \tag{12-13}$$

s_i 为各功能区的需求面积，在本案例中根据近三年的各功能区的存储量及业务需求得到各功能区的面积需求，见表 12-10。

表 12-10 功能区面积需求

功能区编号	所需面积/米^2	功能区编号	所需面积/米^2	功能区编号	所需面积/米^2
1	150	5	75	9	100
2	50	6	300	10	150
3	150	7	100	11	200
4	100	8	300		

四、模型求解

取种群规模为 50，交叉概率为 0.75，变异概率为 0.2，总迭代次数为 150，单位搬运成本设置为常数，通过 Matlab 编写遗传算法程序，并将以上数据及相关参数代入进行运算，并将遗传算法与粒子群算法、模拟退火算法进行对比，运行结果见图 12-6。从结果中可以看出，算法运行到 90 代左右接近收敛，可以认为达到最优解，最优解对应的坐标为（25.00，5.00）、（42.50，1.67）、（25.00，15.00）、（25.00，23.33）、（42.50，32.50）、（7.50，10.00）、（7.50，23.33）、（42.50，13.33）、（42.50，26.67）、（7.50，31.67）、（25.00，33.33）。从图 12-6 中我们也可以看到遗传算法比粒子群算法、模拟退火算法具有更好的寻优效果，最终的布局见图 12-7。

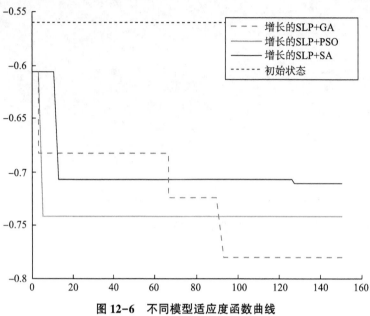

图 12-6　不同模型适应度函数曲线

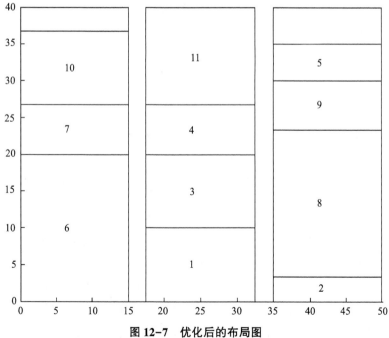

图 12-7　优化后的布局图

优化前物流量为 186954 件/米，优化后物流总量为 135139 件/米，可以看出，利用遗传算法改进 SLP 方法后优化方案比原方案物流总量降低了 51815，优化比例为 27.72%，帮助该公司减少搬运浪费，提高拣选效率。优化前目标函数值为 -0.56025，优化后目标函数为 -0.78015，优化比例为 39.25%，说明优化后总的综合关系强度提高，减少搬运距离，提高了搬运的有序性，使得该仓库的运作更加顺畅，作业更有效率。

综上所述，合理的仓库布局可帮助电商企业提高分拣效率、降低搬运成本（Li et al., 2019）。本章将 SLP 的相关理论和方法应用在 A 电商仓库布局优化中，对各功能区间的物流关系和非物流关系进行了分析，得出综合关系量化表。针对 SLP 方法的不足，以搬运费用最小化和总的综合关系最大化为目标建立数学模型，能够更全面地考虑设施之间的相互关系。用了遗传算法作为求解工具，通过多轮迭代和优化，找到了最符合我们设定目标的设施布局方案。为了检测遗传算法的有效性，将其与粒子群算法、模拟退火算法相对比，发现遗传算法具有较好的寻优效果。同时我们将优化前后的目标函数及物流总量进行对比，发现优化后的方案可有效帮助该公司减少物料搬运成本，提高拣选效率。

本章在建模求解时对实际问题进行了简化，将各作业单位抽象为矩形，且将仓库纵向平均分成宽 15 米的区域，但在实际情况下各功能区形状各异，区域宽度也可以不同。因此所得的最终方案与实际情况存在一定的偏差，在进行实际布置时，仍需根据情况进一步调整。

第 13 章　中欧班列：提升共建"一带一路"倡议物流效率的关键因素及启示

在当今全球化的背景下，高效的国际物流运输对于推动贸易和经济增长至关重要。中国的共建"一带一路"倡议作为连接世界的桥梁，提出了一个雄心勃勃的目标：加强亚欧大陆之间的经济联系，促进跨国贸易，以及促进参与国家的共同发展。在这一倡议的框架下，中欧班列作为一种创新的物流解决方案，已经成为推动共建"一带一路"倡议成功实施的关键要素之一。

中欧班列是指依托亚欧大陆桥，按照固定车次、线路、班期开行，运行于中国与欧洲以及"一带一路"沿线相关国家间的集装箱等铁路国际联运列车。中欧班列是一项由中国发起并逐渐扩展的国际铁路运输项目，旨在连接中国与欧洲各国。它标志着中国致力于提高国际物流效率的愿望，同时也为沿线国家创造了巨大的商机。

本章将深入探讨中欧班列的案例，总结中欧班列的发展历程、运输特点、取得的成效以及对于提升共建"一带一路"倡议物流效率的关键因素和影响。通过对中欧班列这一案例的深入研究，可以更好地理解国际物流领域中的创新和变革，以及它们如何塑造了全球贸易格局。这也将有助于为未来的物流合作和共建"一带一路"倡议的进一步推进提供有力的借鉴和启示。

一、中欧班列开通的背景和发展进程

（一）中欧班列的历史背景

中欧班列的开展背景涵盖了多个方面的因素，这些因素共同推动了中欧班列的诞生和快速发展。

1. 全球贸易格局的演变

全球贸易格局的演变在中欧班列兴起的历史背景中扮演着关键角色。随着全球贸易的迅猛增长和贸易需求的多样化，传统的运输方式面临越来越多的挑战，如运输速度、可靠性和效率等方面的需求变得更为迫切。同时，亚洲崛起为世界制造业提供了新的动力，但传统的海运贸易在满足快速、多样化的贸易需求方面受到了限制。因此，全球贸易格局的演变催生了对更为灵活、可选择性更高的物流解决方案的需求，而中欧班列作为一种创新的运输方式应运而生，为满足现代贸易的多样性和高效性需求提供了有力支持。

2. 中国国际地位的提升

中国在全球舞台上的崛起和地位的提升，为中欧班列的发展提供了有利条件。长期以来，中国一直是世界上最大的制造业基地之一，其制造业产能和出口规模持续扩大。这使得中国成为全球贸易的重要参与者和主要出口国之一。

中国的国际地位提升也带来了更多的贸易机会和需求。中国与欧洲之间的贸易关系不断加强，进口和出口的商品种类逐渐多样化，对物流运输的需求也随之增加。中欧班列作为一种高效、可靠的运输方式，满足了贸易伙伴对快速、安全和可追踪物流服务的渴望，成为中国国际贸易的有力支撑。

中国的国际地位提升为中欧班列的崛起提供了有利背景，中国政府的积极支持和共建"一带一路"倡议的推动使得中欧班列在全球物流格局中发挥着越来越重要的作用。这一历史背景也反映出中欧班列的发展不仅受到市场需求的驱动，还受到国际政治和经济格局的深刻影响。

3. 贸易需求增长

全球化的深入和国际贸易的扩大，中国与欧洲之间的商品流动呈现出迅猛增长的趋势。这一趋势在多个方面体现出来，对中欧班列的需求也随之增长。

中国作为全球最大的制造业出口国之一，生产了大量的商品供应给世界各地的市场。这使得中国与欧洲之间的贸易关系日益紧密。中国的制造业出口涵盖了众多领域，包括电子产品、机械设备、纺织品等，这些商品需要可靠、高效的物流渠道来运输到欧洲市场。中欧班列因其可追踪性、时间可控性和多式联运的特点，成为满足这些贸易需求的理想选择。

中国市场逐渐成为欧洲企业的重要目标。欧洲企业希望将其产品和服务引入中国，以满足不断增长的中国市场需求。这导致了中国与欧洲之间的双向贸易，增加了物流运输的需求。中欧班列为欧洲企业提供了一种可行的运输方式，能够快速、安全地将产品送达中国市场。

全球价值链的不断深化也推动了贸易需求的增长。许多产品在生产过程中涉及多个国家和地区，需要跨境运输和供应链的高效协调。中欧班列作为一种多式联运的物流解决方案，有助于缩短供应链，降低物流成本，提高供应链的可控性，因此受到了全球价值链参与者的欢迎。

4. 对物流效率的新要求

随着全球贸易的不断扩大，物流效率成为全球经济的关键驱动因素。现在对物流效率要求增加，需要迅速交付和高效的库存管理能力，尤其对于高附加值产品和快速消费品。现代物流需要更高水平的可见性和安全性，以降低货物遗失或损坏的风险。中欧班列提供了高度可见的运输过程，使企业能够实时跟踪货物并采取措施，中欧班列因其更快的运输速度而备受青睐。全球政策支持和倡议，如中国的共建"一带一路"倡议，进一步推动了中欧班列等新兴运输方式的发展（马斌，2018）。此外，环境可持续性压力不断上升，要求减少运输过程中的碳排放。中欧班列采用铁路运输方式，相较于传统的航空和海运更环保，迎合了可持续物流的趋势。

（二）中欧班列的发展进程

1. 中欧班列的起源

中欧班列的历史可以追溯到 20 世纪 80 年代末和 90 年代初。当时，中国正在进行改革开放，经济快速增长，对外贸易也逐渐扩大。然而，物流通道有限，特别是铁路运输，成为中国与欧洲之间贸易的瓶颈。在这一时期，一些雄心勃勃的企业和政府部门开始探索开展中欧铁路运输，并尝试建立起跨越国界的铁路线路。在中国有两条铁路线可以前往欧洲：

①第一亚欧大陆桥（西伯利亚大陆桥），需要先到俄罗斯远东地区的哈巴罗夫斯克和符拉迪沃斯托克，通过西伯利亚大铁路直达荷兰鹿特丹港。经过俄罗斯、中国（支线段）、哈萨克斯坦、白俄罗斯、波兰、德国、荷兰 7 个国家，全长 13000 公里左右，运行时间为 20 天。

②第二亚欧大陆桥（东海—西欧大陆桥），东起中国江苏连云港，经过哈萨克斯坦、俄罗斯等国直抵鹿特丹港。通向东亚、中亚、西亚、东欧和西欧 40 多个国家和地区。运行时间为 16 天。

但由于各国铁路轨距标准不统一，这两条线路实际上很不畅通。因此，中国货物在新疆阿拉山口出境时，每次都要在海关等候数日，将集装箱调装到另一个国家的火车底盘上后，才能继续西运。

20 世纪 90 年代初期，一些试点项目在中欧之间建立了铁路运输通道。1997 年由乌兹别克斯坦首先提出，中国、吉尔吉斯斯坦、乌兹别克斯坦就联通三国的中吉乌铁路签署备忘录。此后几年三国进行了铁路勘探和建设，中国也陆续进行捐赠和援助。2005 年哈萨克斯坦计划在本国境内启动建设一条横贯欧亚的铁路①。2010年底，伊朗外长穆塔基宣布，中国、伊朗、阿富汗、塔吉克斯坦等国已同意共同修建一条连接中国与中亚、中东的铁路线。它自中国新疆出发，途经塔吉克斯坦、吉尔吉斯斯坦、阿富汗抵达伊朗。铁路继续向西前往土耳其联通欧洲铁路网，同时一条支线南下抵达波斯湾。

虽然这些国家尝试了铁路建设合作，但规模有限，服务水平有待提高。然而，这些初步尝试为未来中欧班列的发展奠定了基础。这一时期，中国和欧洲的政府部门也开始认识到中欧铁路运输的潜力，尤其是在缩短运输时间、降低运输成本和减少碳排放方面的潜力。

2. 中欧班列发展阶段

2011年中欧班列正式开行以来，经过多年的发展，已经成为重要的贸易通道。中欧班列发展经过了一系列发展事件。

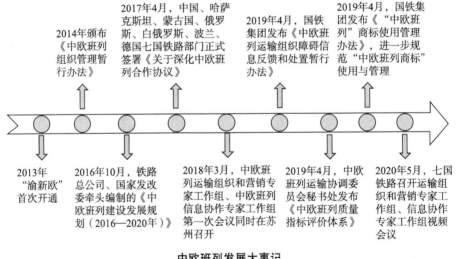

中欧班列发展大事记

资料来源：根据中欧班列网整理。

---

① 新浪网世界新闻报专题，哈萨克斯坦铺设"丝绸铁路"，https://news.sina.com.cn/w/2005-12-09/14278538557.shtml，2005-12-09，获取时间：2023-09-07.

根据这些发展事件，中欧班列发展大致可分为以下几个阶段：

（1）分散探索阶段（2011—2013 年）

这一阶段是中欧班列成长的初级阶段，以重庆、成都、西安等内陆省份开行的渝新欧、蓉欧、汉欧等线路为代表，主要运输当地生产的电子产品、机械制品、纺织品等。这一阶段的核心任务是探索可行的运营模式，解决技术性问题，实现集装箱跨境运输。这一阶段的特点是均为去程班列，开行规模较小，各线路相对独立。经过一段时间探索，中欧班列运营流程逐渐稳定，这为班列规模自第二阶段开始的爆炸式增长奠定了基础。

（2）初步整合阶段（2013—2016 年）

以共建"一带一路"倡议的提出为标志，中欧班列被纳入国家战略框架，中欧班列作为倡议的物流支撑，扮演着连接东西方的桥梁角色，其发展趋向由分散探索向逐步整合过渡，同时规模快速增长。这一阶段的核心任务是建立协调机制，统一标准和规则，提高服务质量。这一阶段的特点是启动回程班列，增加新线路，形成"1+N"线路布局。

共建"一带一路"倡议的提出为中欧班列的发展提供了巨大的推动力。随着倡议的推进，中国政府将中欧班列视为该倡议的重要组成部分，认为它有助于加强中国与欧洲沿线国家之间的贸易合作，促进了双方的互联互通。在倡议框架下，中国政府与欧洲各国政府签署了一系列合作协议，以支持中欧班列的发展，包括提供政策支持、改善基础设施和推动贸易便利化。中欧班列的建设和运营也得到了中国铁路公司等企业的积极参与和投资。这些企业积极投入到铁路线路的建设、运营和维护中，确保中欧班列的安全和高效运行。同时，它们也在物流服务方面不断创新，提供多样化的服务，以满足客户的需求。

从 2013 年 10 月至 2016 年 9 月，中国国内新增了 30 个开行中欧班列的城市，中欧班列境外终点也增长到 26 个。

（3）优化升级阶段（2016 年至今）

这一阶段是中欧班列发展的当前阶段，以《中欧班列建设发展规划

（2016—2020 年）》①的发布为标志，中欧班列发展进入以转型升级为主导方向的新阶段。这一阶段的核心任务是从国家层面推动班列管理和运营的优化升级，实现高质量发展。这一阶段的特点是形成"三大通道、四大口岸、五大方向、六大线路"的基本格局②，运输货物品类多样化，服务水平提升。

中欧班列的货运量也持续增加。越来越多的货物选择铁路运输，以避开传统的海上运输和空运的瓶颈。铁路运输不仅运输时间更短，还更加可靠，适用于各种类型的货物，包括消费品、工业品和农产品。

综上，中欧班列的发展背后有着深厚的历史背景和共建"一带一路"倡议的强大推动力。它不仅是中国与欧洲之间的物流通道，更是国际合作与互联互通的典范。中欧班列也成为各国政府合作的典范。中国与沿线国家的政府合作密切，共同推动中欧班列的发展。这一合作不仅有助于增强国家间的友好关系，还促进了跨境贸易和经济繁荣。

二、中欧班列取得的成效

自 2011 年首次开行以来，中欧班列已经发展了多年，取得了显著的成绩，取得了重大成效。中欧班列是共建"一带一路"倡议贸易通道的重要组成部分，正在释放巨大货运能量，已经成为促进共建"一带一路"倡议贸易畅通的重要途径（许英明，2019；曲锋，2022）。

（一）通道网络建设快速增长

经过多年的发展，中欧班列网络覆盖范围不断扩大，不仅涵盖了中国和欧洲的主要城市，还延伸至中亚、东南亚和北非等地区。这使得中欧班

---

① 中华人民共和国国家发展和改革委员会，中欧班列建设发展规划（2016—2020 年），https://zfxxgk.ndrc.gov.cn/web/iteminfo.jsp?id=384.

② 人民画报，中欧班列——十年贯东西一路开新局，http://www.rmhb.com.cn/zt/ydyl/202108/t20210823_ 800256216.html，2021-08-23/2023-09-07.

列成为全球物流网络中的重要组成部分，为不同地区的货物提供了高效的运输通道。已形成"三大通道、四大口岸、五大方向、六大线路"的基本格局。

"三大通道"分别是指中欧班列经新疆出境的西通道和经内蒙古出境的中、东通道。西部通道由新疆阿拉山口、霍尔果斯口岸出境，经哈萨克斯坦、俄罗斯、乌克兰、白俄罗斯等进入波兰、德国等；中通道由内蒙古二连浩特口岸出境，经蒙古、俄罗斯、白俄罗斯、乌克兰等进入欧洲；东通道由内蒙古满洲里口岸出境，经俄罗斯、乌克兰、白俄罗斯等进入欧洲。

"四大口岸"分别是指处在三大通道上的阿拉山口、满洲里、二连浩特、霍尔果斯，它们是中欧班列出入境的主要口岸。其中，阿拉山口是中欧班列出入境量最大的口岸；满洲里、二连浩特在相当长时间里分居二三位。近年来，随着霍尔果斯口岸设施的建设和扩容，班列出入境数量迅速增长。四大口岸各有特色。阿拉山口口岸是最早通行中欧班列的口岸，二连浩特口岸现为中国与蒙古国间唯一铁路口岸。霍尔果斯口岸在历史上就是古丝绸之路北道的重要驿站，也是我国第一批对外开放的陆路口岸之一。2020 年经霍尔果斯进出境的中欧班列及货运量均居全国首位。

"五大方向"是指中欧班列目前已经联通中国与欧盟、俄罗斯、中亚、中东、东南亚等五大地区或国家。在中欧班列已经联通的五大区域中，欧洲、俄罗斯、中亚是主要目的地；中东、东南亚等线路较少，目前仍在不断发展之中。

"六大线路"是指重庆、西安、成都、郑州、乌鲁木齐、齐鲁号等六大线路开行量居于全国前列。这六大线路外，义乌、武汉等线路在发车规模、货源组织等方面在所有常态化稳定运营的线路中同样表现抢眼。

（二）国际经贸合作不断加深

中欧班列作为连接亚洲和欧洲的要道，为两大市场之间的商品流通提供了便捷的通道，为沿线国家和欧洲提供了高效、可靠的贸易桥梁。其总体规模持续扩大，促进了双方的贸易增长和经济发展，同时也在全球经济发展中发挥了积极的推动作用。2011 年至 2022 年中欧班列开行列数如图 13-1 所示，每年运输频次也在不断增加，2011 年至 2022 年累计开行列数达到 6.5 万列。2023 年较 2022 年提前 22 天破万列，累计发送货物 108.3 万标箱，同比增长 27%。截至 2023 年 6 月底，已有 110 余个国内出发城市通过中欧班列通达欧洲 25 个国家 216 个城市，为经贸往来注入源源不断的活力。

从运输货物品类看，不仅品类不断扩展，而且呈现出更多的多样性，进出口贸易结构进一步优化（赵家章等，2023）。运输货物品类从少量产品扩大到汽车配件及整车、化工、机电、粮食等 5 万余种。观察中欧班列的出境货源品类演变，最初主要运送 IT 产品如手机和电脑，然后逐渐扩展到包括服装鞋帽、汽车零配件、黏胶纤维、生活用品、箱包文具、装饰材料、建筑材料、钢材、机械设备、PVC、化工品等不同品类。而回程货物的种类也经历了类似的发展，最初包括机械设备、葡萄酒、汽车零配件等，后来逐渐扩展到精密仪器、环保器材、高档服装、化妆品、奶制品、蜂蜜、食品等多种商品品类。这一发展趋势显示了中欧班列在货物运输方面的多元化和适应性的增强，有助于进一步优化进出口贸易结构，使得贸易更加多元化和丰富，不仅有利于提高商品质量，也为各国提供了更广泛的贸易选择。

从运输货物价值上看，2016 年至 2021 年，中欧班列的年运输货值经历了显著的增长，年运输货值由 80 亿美元提升至 749 亿美元，增长了 9 倍。不仅是数量上的飞跃，更是在中欧贸易总额中占比的显著提高，从最初占比 1.5% 提高到 8%。这说明中欧班列在推动贸易价值上取得了巨大的成功，成为中欧贸易的关键推动力。2021 年，中欧班列综合重箱率进一步提升，从 2016 年的 77.2% 提升至 98.1%，更高效地满足了市场需求。与此同时，回程班列与去程班列的比例也得到了显著提高，由 2016 年的

50.6%提升至81.5%①。这反映了中欧班列在双向贸易中的平衡发展，为中欧贸易提供了更全面、可靠的服务。

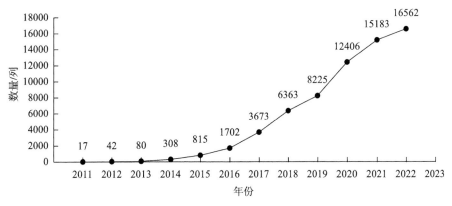

图 13-1　中欧班列开行列数②

（三）国际供应链逐步稳定

中欧班列具有安全、稳定、高效、绿色等优势，是国际运输服务体系的重大创新，作为一种多式联运的物流方式，通过铁路连接亚欧大陆，相对于传统的海运和航空运输更为稳定。特别是在新冠肺炎疫情期间，海关总署公布的数据显示，2020 年 1—2 月进出境运输工具总数同比下降40.8%，其中汽车同比下降 45%，火车下降 2.2%，船舶下降 20.2%，飞机下降 27.8%。相比之下，跨境铁路运力变化不大，表现出稳定运营的态势。同时中欧班列实现逆势增长，国家发改委公布的数据显示，2020 年 1至 2 月，中欧班列开行 1132 列，同比增长 6%③，表明尽管受到了全球疫情的冲击，中欧班列依然保持了相对稳定的运行，并呈现出逆势增长的态

---

① 中华人民共和国中央人民政府，中欧班列累计开行超 5 万列，https://www.gov.cn/xinwen/2022-01/30/content_ 5671290.htm，2022-01-30/2023-09-09.

② 数据来源：中国铁路网。

③ 光明网充分发挥疫情时期中欧班列的独特作用，https://theory.gmw.cn/2020-03/25/content_ 33684773.htm，2020-03-25/2023-09-09.

势。中欧班列复工率已达 90% 以上，反映了中欧班列在面对全球各种挑战时表现出的强大韧性和适应能力。逆境中的增长不仅证明了中欧班列在保障货物流通方面的重要性，也反映了其对全球供应链的积极贡献。新冠肺炎疫情发生以来，截至 2021 年 6 月中欧班列累计向欧洲发运 1199 万件、9.4 万吨防疫物资①。包括了各种急需的医疗物资，为全球共同抗击疫情提供了有力支持。中欧班列有力保障了国际抗疫救援物资和工业原材料、产成品的通畅运输，助力沿线国家企业复工复产，中欧班列也探索出了国际公共产品供给的创新之路（陈海曦，2022）。

（四）沿线国家交流合作不断扩大

中欧班列打造了亚欧贸易新通道，已经成为国际合作的重要平台。沿线国家积极参与中欧班列的建设与运营，不仅仅限于铁路领域，还包括了物流、海关、贸易等多个领域。这种合作帮助各国更好地协调政策、改进基础设施、提高物流效率，进一步促进了地区内的互联互通。

中欧班列也打造了人文交流的新通道，随着班列的不断发展，沿线国家的人员往来逐渐增多，促进了文化和社会交流。将更多沿线国家的文化产品引入中国，同时也让富有中国元素的商品走出国门，向世界传播中国文化，民心相通显著增强（吕越等，2022）。

通过提供更便捷的货物运输通道，班列有助于各国扩大出口，增加经济活动，推动了沿线城市间的友好往来和合作共建，为沿线人民带去更多工作机会和实惠。

三、中欧班列成功的因素

（一）共建"一带一路"倡议的政策引领和战略支撑

自共建"一带一路"倡议提出以来，中欧班列逐渐被整合到这一全球

---

① 中国贸易报，中欧班列发展取得巨大成效，https://www.chinatradenews.com.cn/epaper/content/2021-06/22/content_ 73021.htm，2021-06-22/2023-09-09.

战略愿景中。2015 年，中国政府在《推动共建丝绸之路经济带和 21 世纪海上丝绸之路的愿景与行动》中明确提出了建立中欧通道铁路运输、口岸通关协调机制的目标，并强调要打造"中欧班列"品牌，标志着中欧班列不仅仅是一种运输方式，更是连接东中西亚的关键纽带，有望成为促进国际贸易、推动经济合作的关键通道。中欧班列作为共建"一带一路"倡议的重要载体和亮点工程，得到了中国政府和沿线国家政府的高度重视和大力支持，出台了一系列政策措施，为中欧班列提供了有力的政策保障和指导。这一举措为中欧班列提供了新的发展动力。

中国同"一带一路"沿线国家形成了广泛的国际合作共识。这些合作为中欧班列开辟了更多的运输路线和目的地，为中欧班列提供了更多的合作伙伴和市场机会。

中国成功举办了两届共建"一带一路"倡议国际合作高峰论坛，发布了"愿景与行动"等重要文件，制定了《"一带一路"倡议融资指导原则》等规则标准。随后陆续制定或发布一系列政策，例如：《中欧班列建设发展规划（2016—2020 年)》《中欧班列运输组织障碍信息反馈和处置暂行办法》《"中欧班列"商标使用管理办法》《中欧班列质量指标评价体系》等，这些规划和指导为中欧班列提供了明确的发展目标和方向，为中欧班列提供了统一的规范和标准。

在政策沟通方面，中国通过与沿线国家的密切合作，推动了一系列政策的制定和调整；在贸易畅通方面，中国与沿线国家之间的贸易合作在不同层面上得到了推动；在设施联通方面中国与沿线国家取得了不同程度的进展，这些进展为中欧班列提供了支持。同时，中欧班列的发展本身也成为"一带一路"建设的一个显著成果。双方通过磋商、技术合作、标准制定和协议签署等方式，共同推动中欧班列的发展，扩大了货源、便利了过境手续、提升了运输速度等。

此外，中国积极参与全球治理体系改革和完善，推动构建人类命运共同体。中国同联合国等多边机构开展广泛合作，在气候变化、生物多样性、减贫发展等领域发挥积极作用。中国还同有关国家和地区开展疫苗合作,为全球抗击新冠肺炎疫情贡献中国力量。这些全球治理参与和贡献为中欧班列提供了良好的国际环境和社会责任。

(二)中欧贸易与多元化物流需求的蓬勃发展

中欧贸易往来的扩大和物流需求的快速增长与多元化,是中欧班列成功的重要因素之一。这一趋势不仅体现了中欧之间经济合作的深度,还对全球物流格局产生了深远影响。

首先,中欧贸易往来的不断扩大表明了中国与欧洲国家之间的经济紧密联系。中欧之间的贸易额不断攀升,各类商品涵盖了从工业制品到消费品的各个领域。这种多元化的贸易使中欧之间的合作更加全面,不仅有助于双方经济的增长,还提供了中欧班列运输的广阔市场。

其次,中欧贸易的增长也推动了物流需求的急剧上升。越来越多的商品需要高效、可靠的运输方式,以满足市场需求。中欧班列的出现填补了传统海运和空运之间的空白,提供了更快速、可控的运输选择。这对于那些对时间敏感的货物,如生鲜品、高科技产品和时尚商品,尤其重要。

另外,物流需求的多元化也是中欧班列成功的原因之一。这些列车不仅仅运输标准的集装箱货物,还为超长、超宽、超高的特殊货物提供了解决方案。同时,它们也支持了冷链运输,使得食品和医药等温度敏感货物能够在安全的条件下跨越数千公里。

综上所述,中欧贸易往来的扩大和物流需求的迅速增长和多元化,为中欧班列提供了坚实的基础。这不仅有助于中欧之间的经济合作,还为全球物流业带来了更多的选择和机会。中欧班列作为连接东西方的关键纽带,将继续在未来发挥重要作用,推动经济的繁荣和合作的深入。

(三)跨国跨境铁路联运的协调与合作

中欧班列是一种跨国跨境的铁路联运方式,涉及多个国家和地区的法律法规、技术标准、运输规则等方面的协调和衔接。为此,中国铁路与沿线国家铁路部门建立了有效的合作机制,实现了运输计划协商、车辆调度协调、故障应急处理等方面的顺畅沟通和高效配合。具体来说，中欧班列实现了以下几方面的协调与合作：

技术标准的统一：中欧班列从中国到欧洲，需要经过不同的铁路系统和技术标准，如轨距、电压、信号等。为了保证中欧班列的安全和顺畅运行，中国铁路与沿线国家铁路部门进行了技术标准的统一和对接，采用了多种技术解决方案，如换轴、换机车、换集装箱等。这些技术标准的统一大大提高了中欧班列的运输效率和安全性。

通关便利化的推进：中欧班列从中国到欧洲，需要经过多个国家和地区的海关检验检疫等通关手续。为了缩短通关时间和降低通关成本，中国铁路与沿线国家海关部门开展了通关便利化的合作，推进了"一次申报、一次检验、一次放行"的通关模式，实现了货物在各国之间的快速转运和无缝对接。这些通关便利化的措施大大降低了中欧班列的运营成本和客户费用。

信息共享与数据交换：中欧班列从中国到欧洲，需要进行多个国家和地区的信息传递和数据处理。为了提高信息透明度和数据准确性，中国铁路与沿线国家铁路部门建立了信息共享与数据交换的平台，实现了运输计划、车辆状态、货物追踪等信息的实时共享和更新。这些信息共享与数据交换的平台大大提升了中欧班列的运输可视化和可控制性。

（四）运输模式、服务模式、业务模式的创新与优化

中欧班列之所以能够在共建"一带一路"倡议的背景下蓬勃发展，其中一个关键因素就是不断的创新与优化。这一动力贯穿于中欧班列的方方面面，包括运输模式、服务模式和业务模式等多个层面。

首先，运输模式的创新和优化对于中欧班列的成功至关重要。传统的铁路运输可能存在时间长、效率低的问题，但中欧班列通过采用先进的运输技术和设备，不断提升了运输速度和效率。这种创新包括多式联运的拓展、货物装卸技术的改进、列车编组的优化、线路的升级和维护、班列产品化的深化等。集装箱标准化可以提高中欧班列的安全性和便利性，减少

换装时间和损耗。中欧班列已经实现了国内外集装箱标准的统一和对接，采用了多种技术解决方案，如换轴、换机车、换集装箱等。中欧班列已经开发了多种针对不同货物品类、目的地、时效性等要求的班列产品，如"数字班列""人文班列""冷链班列"等。通过这些创新，中欧班列能够更好地适应市场需求，实现快速高效的货物运输，满足了客户的需求。

其次，服务模式的创新和优化也是中欧班列成功的一大因素。中欧班列提供了一系列增值服务，中欧班列不仅仅是一种简单的运输服务，而且是一种提供全方位、全链条、全周期的综合物流服务。中欧班列在运输服务的基础上，提供了包括货物装卸、仓储、配送、保险、报关、结算等在内的一站式物流服务，为客户节省了时间和成本，提高了便利性和安全性。中欧班列还提供了包括市场调研、产品推广、商务洽谈、展会组织等在内的一体化商贸服务，为客户拓展了市场和商机，增强了竞争力和影响力。中欧班列根据不同货物的特点和要求，提供了不同类型和规格的集装箱，如普通箱、冷藏箱、挂衣箱等，满足了不同货物的装载和保护需求。中欧班列根据不同客户的需求和预算，提供了不同模式和价格的运输服务，如整车包装、散货拼装等，满足了不同客户的运输和费用需求。中欧班列还通过建立信息平台，实现了货物追踪、运输监控等功能，提高了客户的信息透明度和信任度。这些服务不仅提高了客户的满意度，还增加了中欧班列的竞争力。此外，信息技术的应用使得服务更加便捷，客户可以随时了解货物的运输状态，这种透明度提高了整个供应链的可控性。

最后，业务模式的创新和优化也为中欧班列的成功做出了贡献。业务模式创新主要体现在：①市场化运作与政策支持：中欧班列开展物流业务过程中，按照市场规律和客户需求进行运营管理，同时得到政府部门的政策引导和扶持，以提高中欧班列的市场适应性和发展活力。中欧班列已经实现了市场化运作与政策支持的有机结合，如建立了统一品牌、统一标准、统一平台等。②合作共赢与分工协作：在中欧班列开展物流业务过程中，各参与方按照各自的优势和专长进行合理的分工和协作，实现资源共享和效益共享，以提高中欧班列的整体竞争力和协同效应。中欧班列已经建立了合作共赢与分工协作的机制，如成立了运输联合工作组、运输协调委员会等。③创新驱动与转型升级：中欧班列开展物流业务过程中，不断引入新技术、新产业、新业态和新模式，进行产品创新、管理创新、服务创新等，以提高中欧班列的核心竞争力和附加值。创新驱动与转型升级可以提高中欧班列的发展韧性和潜力。

四、中欧班列提升物流绩效的作用

（一）中欧班列缩短了货物运输时间，提高了运输效率

中欧班列通过陆路运输，将中国与欧洲连接，与传统的海运相比，中欧班列需要 15 天左右，而海运需要 40 天。显著缩短了货物运输的时间，这种迅速的货物运输对于企业来说至关重要。首先，企业更快地将产品送达市场，响应市场需求更加及时，有助于提高销售和客户满意度。其次，减少了货物在途中的滞留时间，降低了资金占用成本，使资金能够更快地回流，有助于提高企业的资金周转效率和市场反应能力。此外，由于中欧班列的可预测性较高，企业可以更好地计划生产和库存管理，避免了突发的物流问题，提高了整个供应链的效率。

（二）中欧班列降低了货物运输成本，提高了运输效益

首先，相对于传统的空运方式，中欧班列通常具有更低的运输成本；其次，与海运方式相比，中欧班列更为经济，可以降低企业的物流支出；此外，中欧班列的可预测性和定期运行使企业更容易进行运输成本的预算和管理，避免了不稳定因素带来的额外费用。这些因素共同促使企业在物流环节中实现了更高的效益和利润率，提高了整体运营的竞争力。

（三）中欧班列优化了货物运输结构，提高了运输质量

中欧班列可以运输 5 万余种多品类的货物。这样可以满足不同客户的

需求，扩大市场覆盖范围，提高客户满意度和忠诚度。中欧班列通常提供更高水平的货物保护和安全性，与其他运输方式相比，货物在运输过程中的风险较低。这种可靠性有助于减少货物损失和损坏的可能性，提高了运输质量。针对不同类型的货物，中欧班列通常提供多样化的服务和运输选择。这种定制化的服务有助于满足不同客户的需求，提高了运输质量和客户满意度。

（四）中欧班列创新了货物运输模式，提高了运输安全性

中欧班列采用"一票到底"的方式，实现了从始发地到目的地的无缝对接，减少了中转环节和环境影响，降低了货物损耗和风险。同时，中欧班列也加强了与沿线国家的合作和协调，建立了有效的信息平台和应急预案，保障了班列的安全稳定运行；中欧班列通常配备了先进的智能监控系统，可以实时追踪货物的位置、温度、湿度等关键参数。这些系统不仅有助于提高货物的安全性，还可以及时检测和应对潜在的问题，如货物损坏或盗窃。对于运输危险品的货物，中欧班列采用严格的管理措施，包括特殊包装、隔离运输、应急响应计划等。这样有助于降低危险品运输的风险，确保运输过程中的安全性。

五、中欧班列启示

中欧班列是共建"一带一路"倡议的重要实践，展现了中国与沿线国家的开放合作、互利共赢、共同发展的精神。中欧班列为沿线国家经济社会发展、国际贸易合作、人文交流互鉴提供了新的机遇和平台，也为全球抗疫合作和保障产业链供应链稳定发挥了重要作用。中欧班列的成功经验值得借鉴和推广。

（一）坚持共商共建共享原则

中欧班列的成功是多方共同合作的结果，体现了坚持共商共建共享原

则的价值。

1. 多方参与和合作

中欧班列项目汇聚了多个国家、地区、企业和组织的合作力量，中欧班列的成功是众多国家和组织合作的结果。这种多元性为项目提供了广泛的资源和专业知识，有助于应对复杂的国际物流挑战，不仅促进了国际贸易的增长，还加强了各方之间的政治和经济关系。不同合作伙伴之间的互补性使项目更具竞争力，能够提供全面的物流解决方案。这一经验表明，与多元化的合作伙伴合作，可以在物流领域创造更大的价值，是提高物流效率、降低成本、促进贸易畅通的关键。

2. 建立共享平台

中欧班列项目建立了共享平台，方便各方获取信息和资源。这种平台有助于信息透明度和资源共享，降低了物流成本，提高了效率。通过共享平台，各方能够更好地协调运输计划，解决潜在问题，实现更加高效的货物运输。

3. 共同规划和标准化

中欧班列的成功依赖于各方共同规划和标准化运输流程。这种标准化使得运输更加有序和可控，减少了运输中的混乱和不确定性。共同遵循相似的规则和标准有助于提高整个供应链的运作效率，促进了国际贸易的顺利进行。

（二）坚持创新驱动发展

1. 技术创新

中欧班列积极采用新技术，如物联网、大数据分析和区块链等，以提高运输的可视性和效率。这种技术创新有助于提高货物追踪、监控和管理的精度，降低了风险和不确定性。通过不断引入创新技术，中欧班列项目在国际物流领域保持了竞争优势，同时也为其他行业和项目提供了创新的范本，鼓励其他国际物流项目寻找类似的创新机会，以适应市场需求。

2. 运输组织创新

中欧班列通过创新运输组织，如多式联运和集装箱化，提高了货物运输的效率。多式联运将不同的运输方式有机结合，优化了运输路径，减少了中转环节，加速了货物到达目的地的速度。集装箱化，标准化货物包装和搬运流程，降低了运输中的损耗。这种运输组织创新提高了整个供应链的协同效率，减少了浪费，降低了成本。

3. 市场适应性

中欧班列灵活地适应了市场需求的变化。在市场需求多样化的背景下，这种灵活性是成功的关键。随着市场需求的多样化和变化，项目能够快速调整运输计划，提供符合客户需求的服务。这种市场适应性使中欧班列项目能够不断满足客户的需求，保持了市场竞争力。其他物流项目可以借鉴这一经验，积极适应市场的动态变化，提供更具竞争力的服务。

（三）坚持绿色低碳发展

1. 碳中和目标

中欧班列项目可能会制定碳中和目标，以减少碳排放并推动可持续发展。这一经验启示其他物流项目，应制定并实施类似的碳中和目标，以应对气候变化挑战。通过减少碳排放，项目可以为环境保护和全球气候目标做出贡献。

2. 环保标准

中欧班列遵守一系列环保标准，以减少对环境的不良影响。这些标准包括噪声减少、废物管理和能源效率等。这些标准有助于减少对环境的不良影响，保护生态系统的健康。其他物流项目可以采用类似的环保标准，降低对环境的负面影响，同时提高运营的可持续性。

3. 社会责任

中欧班列项目积极履行社会责任，包括参与社区项目和支持本地发展。这一经验提醒其他物流项目，应积极参与社会责任，以促进可持续发展。通过社会责任的履行，项目不仅可以改善社会形象，还可以为当地社区和经济做出积极贡献，实现共赢发展。

综上所述，中欧班列的成功经验和启示不仅适用于国际物流领域，还为各种项目和组织提供了宝贵经验。通过多方合作、创新和可持续实践，可以更好地满足市场需求，提高效率，同时也为未来可持续发展做出贡献。这些经验和启示可以指导其他项目在全球物流和贸易中发挥更积极的作用。

参考文献

[1] "一带一路"建设成果丰硕　推动全面对外开放格局形成 [N]. 中国信息报, 2022-10-13 (1).

[2] 毕继东. 多元融合的经济管理类跨专业仿真综合实验 [J]. 高教学刊, 2018 (3): 92-94.

[3] 卞玲玲, 陈红娟. 电子商务背景下生鲜农产品冷链物流绩效评价体系研究 [J]. 价值工程, 2019, 38 (27): 125-126.

[4] 曹蓄温. "新丝绸之路经济带"背景下国家物流绩效对我国农产品进口的影响测度 [J]. 商业经济研究, 2021 (16): 16-166.

[5] 曹允春, 郑莉萍, 石学刚. 共建"一带一路"倡议下我国跨境电商物流联盟构建研究 [J]. 铁道运输与经济, 2020, 42 (10): 7-13.

[6] 陈海曦. "一带一路"倡议国际公共产品供给的实践与创新: 以中欧班列为例 [J]. 宏观经济研究, 2022 (6): 137-143.

[7] 陈继红, 孟威, 陈飞儿, 张方伟, 罗萍, 朴南奎, 曹家楠. 基于灰色关联的沿海铁矿石港口物流发展绩效评估与应用 [J]. 数学的实践与认识, 2015, 45 (23): 120-128.

[8] 陈健. "数字丝绸之路": 应对西方数字帝国主义的中国方案 [J]. 东南学术, 2021 (4): 56-65.

[9] 陈美燕, 柯晟劼, 向小东. 电商平台供应链金融环境下零售商动态订货策略研究 [J]. 西南大学学报 (自然科学版), 2022, 44 (7):

152-159.

[10] 陈美燕，柯晟劼. 基于 CiteSpace 的国内外物流绩效研究现状、热点与趋势分析 [J]. 景德镇学院学报，2022，37（4）：42-48.

[11] 陈美燕，林国超. 经管类跨专业虚拟仿真综合实验教学效果实证分析 [J]. 吉林农业科技学院学报，2022，31（5）：79-82.

[12] 陈美燕，林国超. 经管类跨专业虚拟仿真实验教学模式探索与实践 [J]. 长春工程学院学报（社会科学版），2022，23（1）：149-152.

[13] 陈向明. 物流型国家：物流体系的空间力量：中欧班列对欧亚大陆枢纽城市的影响 [J]. 探索与争鸣，2021（11）：121-134+179.

[14] 陈悦，陈超美，刘则渊，胡志刚，王贤文. CiteSpace 知识图谱的方法论功能 [J]. 科学学研究，2015，33（2）：242-253.

[15] 代应，李昱，于晓东，宋寒. 跨境电商物流服务满意度影响因素的实证研究 [J]. 重庆理工大学学报（社会科学版），2021，35（1）：60-69.

[16] 戴志锋，李春艳. 经济类虚拟仿真实验教学体系的多维度构建与实践 [J]. 中国管理信息化，2019，22（13）：223-225.

[17] 邓文博. 经管类专业实验教学模式的探索：基于多层次虚拟仿真训练 [J]. 黑龙江教育（理论与实践），2017（12）：40-42.

[18] 冯建海. 基于物流成本的烟草商业物流财务绩效评价 [J]. 中国烟草学报，2017，23（6）：115-121.

[19] 冯宁，张晓，曲倩，等. 智慧物流绩效评价模型研究：基于 AHP 层次分析法和灰色关联度分析法 [J]. 中国市场，2022（13）：161-165.

[20] 冯正强，刘婉君. 物流绩效对中国机械运输设备出口三元边际的影响：基于"一带一路"沿线国家面板数据分析 [J]. 工业技术经济，2019，38（1）：49-57.

[21] 付丽娜. 丝绸之路的历史考察与现实意义 [J]. 中学地理教学参考，2023（14）：82.

[22] 郭菊娥，史金召，王智鑫. 基于第三方 B2B 平台的线上供应链金融

模式演进与风险管理研究 [J]. 商业经济与管理, 2014, 267 (1): 13-22.

[23] 郭苏文, 李丽丽. 制度质量、物流绩效与双边贸易: 海陆丝绸之路国家的比较 [J]. 财会月刊, 2018 (18): 46-51.

[24] 何升轩, 沈颂东. 基于第三方 B2B 平台的线上供应链金融风险评估 [J]. 东南学术, 2016 (3): 139-147.

[25] 胡雯莉. 基于电商生态圈的供应链金融的协调机制研究 [J]. 商业会计, 2021 (11): 11-16.

[26] 黄庆华, 戴罗肖. 共建"一带一路"倡议下我国重点省市物流绩效评价研究 [J]. 现代管理科学, 2021 (1): 61-67.

[27] 黄伟新, 龚新蜀. 丝绸之路经济带国际物流绩效对中国机电产品出口影响的实证分析 [J]. 国际贸易问题, 2014 (10): 56-66.

[28] 冀芳, 张夏恒. 跨境电子商务物流模式创新与发展趋势 [J]. 中国流通经济, 2015, 29 (6): 14-20.

[29] 江琪, 陈美燕. 大件及重货品类跨境物流服务质量提升研究: 以中国跨境电商卖家为视角 [J]. 保定学院学报, 2022, 35 (6): 11-17.

[30] 姜旭, 胡雪芹. 基于组合赋权模型的物流企业绩效评价指标体系构建研究 [J]. 管理评论, 2020, 32 (8): 304-313.

[31] 赖靓荣, 朱芳阳, 朱志东. 中国物流业高质量发展的测度评价: 区域差异与动态演进 [J]. 资源开发与市场, 2022, 38 (11): 1331-1340.

[32] 蓝蓝. 汽车制造企业精益物流绩效管理评价研究 [J]. 物流技术, 2013, 32 (23): 241-243.

[33] 雷洋, 黄承锋. 长江经济带与"一带一路"倡议交通互联互通的价值及推进 [J]. 重庆交通大学学报 (社会科学版), 2022, 22 (4): 29-36.

[34] 李翠萍. "一带一路"倡议背景下中国与欧亚经济联盟贸易效率及贸易潜力研究 [J]. 价格月刊, 2021 (1): 38-47.

[35] 李光荣, 官银学, 黄颖. 供应链金融信用风险特征、分析框架与管

理对策 [J]. 商业经济研究，2020 (13)：167-169.

[36] 李红卫. 中国与"一带一路"沿线国家跨境电商物流合作面临的难点与解决策略 [J]. 对外经贸实务，2018 (4)：88-91.

[37] 李虹. 经管类国家级虚拟仿真实验教学中心建设与实践 [J]. 实验室研究与探索，2016，35 (6)：139-142.

[38] 李明会. 构建基于客户体验的众包物流服务质量评价指标体系 [J]. 中国商论，2021 (11)：27-29.

[39] 李巧璇，潘遽，顾文勇，万俊毅. 创新创业经管虚拟实验平台的建设与应用 [J]. 实验技术与管理，2018，35 (10)：117-120.

[40] 李书峰，刘畅."一带一路"倡议背景下沿线国家电商物流的渠道选择与发展 [J]. 价格月刊，2020 (3)：72-76.

[41] 李孝康，王徐玥. 基于 KANO 模型同城配送平台的服务质量研究：以 S 公司为例 [J]. 中国储运，2017 (6)：108-111.

[42] 李旭东，王耀球. 跨境电商快递物流服务质量评价与实证研究：基于"一带一路"倡议区域 [J]. 技术经济与管理研究，2018 (6)：3-9.

[43] 李勇辉，白利鹏，王莉. 中国城市物流绩效评价与竞争力实证研究 [J]. 河南社会科学，2020，28 (3)：65-75.

[44] 梁烨，崔杰. 共建"一带一路"倡议下物流绩效对我国贸易潜力的影响：基于扩展的引力模型 [J]. 商业经济研究，2019 (1)：94-97.

[45] 林国超. 跨专业融合的创新课程教学模式探究：以福州外语外贸学院为例 [J]. 对外经贸，2017 (8)：139-140+160.

[46] 林明辉. 基于顾客导向的生鲜物流服务质量对复购意愿的影响研究：以叮咚买菜为例 [J]. 现代商业，2021 (8)：19-22.

[47] 刘丹，陈珊. 经管类虚拟仿真实践项目教学质量保障体系研究 [J]. 湖北第二师范学院学报，2020，37 (1)：48-51.

[48] 刘俊娥，佘丽娜. 我国电商发展供应链金融业务的必然性分析 [J]. 商业时代，2014 (2)：64-65.

[49] 刘满芝，周梅华，杨娟. 基于 DEA 的城市物流效率评价模型及实证

[J]. 统计与决策, 2009 (6): 50-52.

[50] 刘小军, 张滨. 我国与"一带一路"沿线国家跨境电商物流的协作发展 [J]. 中国流通经济, 2016, 30 (5): 115-120.

[51] 刘妤. 物流绩效对区域经济发展的贡献度评价研究: 以西藏为例 [J]. 价格月刊, 2018 (8): 75-79.

[52] 刘长俭, 孙瀚冰, 袁子文等. 系统提升中国国际物流供应链韧性的路径 [J]. 科技导报, 2022, 40 (14): 73-79.

[53] 卢盛峰, 董如玉, 叶初升. 共建"一带一路"倡议促进了中国高质量出口吗: 来自微观企业的证据 [J]. 中国工业经济, 2021 (3): 80-98.

[54] 陆华, 汪鸣, 杜志平. 中国与"一带一路"沿线中东欧国家物流绩效对比分析 [J]. 中国流通经济, 2020 (3): 55-65.

[55] 陆建英. 数字经济时代企业运营虚拟仿真实践的思考 [J]. 会计之友, 2020 (17): 147-149.

[56] 吕有清, 程长明. 基于 KANO 模型的农村电子商务物流服务质量评价体系构建 [J]. 梧州学院学报, 2020, 30 (1): 11-17.

[57] 吕越, 马明会, 李杨. 共建"一带一路"倡议取得的重大成就与经验 [J]. 管理世界, 2022, 38 (10): 44-55+95+56.

[58] 吕越. 新时代如何提升产业链供应链韧性和安全水平 [J]. 北京工商大学学报 (社会科学版), 2023, 38 (1): 98-108.

[59] 马斌. 中欧班列的发展现状、问题与应对 [J]. 国际问题研究, 2018 (6): 72-86.

[60] 马莉, 黄远新, 易伟, 等. 城市物流绩效评价指标体系的构建 [J]. 物流工程与管理, 2020, 42 (10): 29-31.

[61] 孟庆良, 邹农基, 李晓萍, 安玲, 蒋秀军. 基于分析型 KANO 模型的物流服务质量提升决策方法 [J]. 运筹与管理, 2012, 21 (2): 64-73.

[62] 缪鸿. "一带一路"倡议国际物流绩效对我国出口贸易的影响 [J].

商业经济研究，2019（5）：133-136.

[63] 潘娅媚. 造纸业绿色物流绩效评价研究 [J]. 造纸装备及材料，2021，50（4）：65-67.

[64] 乔晓冰，吴力明. B2C 跨境电商物流服务质量评价体系构建 [J]. 中国集体经济，2020（10）：99-100.

[65] 秦小辉，田会星. 基于灰色聚类分析的我国农产品冷链物流水平综合评价 [J]. 保鲜与加工，2019，19（5）：170-177.

[66] 曲锋. "双循环" 新发展格局下中欧班列建设的成效、问题及对策 [J]. 中国流通经济，2022，36（6）：108-116.

[67] 曲金良. 再论古代 "丝绸之路" 的主体内涵及其历史定位 [J]. 中国海洋大学学报（社会科学版），2019（3）：46-51.

[68] 任保平. 新发展格局下 "数字丝绸之路" 推动高水平对外开放的框架与路径 [J]. 陕西师范大学学报（哲学社会科学版），2022，51（6）：57-66.

[69] 任敏，陈金龙. 基于第三方 B2B 电商平台的银行供应链金融收益分配策略研究 [J]. 数学的实践与认识，2018，48（4）：42-48.

[70] 沈子杰. 扩展引力模型下跨境物流绩效对我国出口贸易的影响效应：基于 "一带一路" 沿线国家样本的实证 [J]. 商业经济研究，2019（16）：146-149.

[71] 盛昭瀚，王海燕，胡志华. 供应链韧性：适应复杂性：基于复杂系统管理视角 [J]. 中国管理科学，2022，30（11）：1-7.

[72] 数说 "一带一路" 倡议十年成就 [J]. 中国信息界，2023（3）：34-35.

[73] 宋华，杨雨东. 中国产业链供应链现代化的内涵与发展路径探析 [J]. 中国人民大学学报，2022，36（1）：120-134.

[74] 宋华. 中国供应链韧性建设与高质量发展：内涵、机制与路径 [J]. 供应链管理，2023，4（9）：5-24.

[75] 孙吉胜. "一带一路" 倡议与国际合作理论创新：文化、理念与实践

[J]. 国际问题研究, 2020 (3): 1-20+137.

[76] 孙建秋, 王婷婷."一带一路"沿线国家物流绩效与中国投资区位选择 [J]. 商业经济研究, 2020, 789 (2): 104-106.

[77] 陶章, 乔森."一带一路"倡议国际贸易的影响因素研究: 基于贸易协定与物流绩效的实证检验 [J]. 社会科学, 2020 (1): 63-71.

[78] 田宇. 论物流服务质量管理: 兼与王之泰教授商榷 [J]. 物流科技, 2001 (2): 3-8.

[79] 涂永红, 连平, 戴稳胜等. 丝绸之路: 从历史到未来 [C] //中国人民大学国际货币研究所. 2015 人民币国际化报告: "一带一路"建设中的货币战略. 中国人民大学出版社, 2015: 27.

[80] 万周燕, 肖艳. 北京: 物流绩效对中国生鲜农产品出口贸易的影响研究 [J]. 世界农业, 2021 (12): 84-93+128.

[81] 王超, 高扬, 刘超. 物流绩效评价研究现状及趋势 [J]. 中国流通经济, 2017, 31 (3): 16-24.

[82] 王东方, 董千里, 于立新."一带一路"沿线国家和地区物流绩效与中国对外贸易潜力 [J]. 中国流通经济, 2018, 32 (2): 17-27.

[83] 王东生, 郑宽明. 物流服务供应链整合对物流绩效的影响测度 [J]. 商业经济研究, 2020 (23): 103-106.

[84] 王蕊, 王恰. 共建"一带一路"倡议实施中的物流瓶颈及解决方案研究 [J]. 价格月刊, 2021 (10): 73-78.

[85] 王亚军. 共建"一带一路"倡议的理论创新与典范价值 [J]. 世界经济与政治, 2017 (3): 4-14+156.

[86] 王勇, 张培林, 毛志山, 刘春. 经管类跨专业虚拟仿真教学平台构建实证研究 [J]. 工业和信息化教育, 2017 (11): 74-79.

[87] 文瑞. 中欧班列运行效益分析及高质量发展对策 [J]. 区域经济评论, 2019 (5): 110-116.

[88] 吴军强, 许小东. 开放式网络工程虚拟仿真实验教学平台的构建: 基于嘉兴学院数理与信息工程学院的实验教学 [J]. 嘉兴学院学报,

2019，31（2）：134-139.

[89] 吴筱娴，张月梅，王应明. 基于 QFD 的电子商务环境下退货物流服务质量评价研究 [J]. 物流工程与管理，2015，37（5）：168-170+155.

[90] 向坤. 从数字经济视角看数字丝绸之路建设的内涵、结构和发展路径 [J]. 西部论坛，2017，27（6）：11-16.

[91] 谢广营. B2C 及 C2C 网购物流服务质量测量述评：一个概念模型及理论框架 [J]. 管理评论，2016，28（4）：186-200.

[92] 谢来辉."一带一路"倡议与全球治理的关系：一个类型学分析 [J]. 世界经济与政治，2019（1）：34-58+157-158.

[93] 谢希瑶，潘洁. 我国与"一带一路"沿线国家货物贸易额十年年均增长 8% [N]. 新华每日电讯，2023-03-03（7）.

[94] 徐鹏，何诗琪. 基于信任博弈的银行与第三方 B2B 平台合作供应链金融研究 [J]. 财会月刊，2019（14）：163-168.

[95] 许英明，邢李志，董现垒. 共建"一带一路"倡议下中欧班列贸易通道研究 [J]. 国际贸易，2019（2）：80-86.

[96] 薛永基，陈建成，王明天. 经管类专业虚拟仿真实验教学探索与实践 [J]. 实验室研究与探索，2017，36（10）：283-286.

[97] 闫柏睿，李倩. 基于物流绩效指数的 RCEP 国家物流发展比较 [J]. 中国流通经济，2021，35（3）：21-30.

[98] 杨柳，周琳霞，曹家庆. 疫情背景下的高校虚拟仿真实验教学资源开发现状与提升策略研究：以 N 大学为例 [J]. 南昌航空大学学报（社会科学版），2020，22（3）：99-104.

[99] 杨洋，李哲，韩军徽. 争夺数字主导权：印太经济框架与"数字丝绸之路"[J]. 科技中国，2023（3）：48-51.

[100] 尹龙，张莉，赵莉，鲁啸军. 虚拟仿真技术与创新创业教育深度融合研究 [J]. 实验技术与管理，2018，35（4）：118-120+125.

[101] 俞凯兰. 经管类虚拟仿真实验教学中心构建方案 [J]. 实验室科学，

2019, 22 (2): 146-149.

[102] 原倩. 新发展格局下数字丝绸之路高质量发展的总体思路与战略路径 [J]. 宏观经济管理, 2022 (7): 21-27.

[103] 张建平, 李林泽. "一带一路"倡议: 推动区域协调发展的中国贡献 [J]. 可持续发展经济导刊, 2021 (2): 90-93.

[104] 张玲雅. 电商物流协同发展问题研究 [J]. 商业经济研究, 2022 (17): 106-108.

[105] 张世琪, 郭健全. "一带一路"沿线国家交通基础设施质量、物流绩效对我国经济增长的影响 [J]. 沈阳工业大学学报 (社会科学版), 2020, 13 (2): 125-133.

[106] 张世琪, 郭健全. 铁路建设、物流绩效与我国对外贸易: 基于"一带一路"沿线国家的面板数据分析 [J]. 西北民族大学学报 (哲学社会科学版), 2018 (4): 157-164.

[107] 张幼文. "一带一路"建设: 国际发展协同与全球治理创新 [J]. 毛泽东邓小平理论研究, 2017 (5): 88-94+108.

[108] 赵家章, 丁国宁. 中欧班列推动中国对外贸易高质量发展: 理论逻辑、困境及路径 [J]. 国际贸易, 2023 (7): 32-40.

[109] 赵先进, 王卫竹. 共建"一带一路"倡议背景下跨境电商物流协作发展研究 [J]. 价格理论与实践, 2018 (5): 159-162.

[110] 郑兵, 董大海, 金玉芳. 国外物流服务质量研究述评 [J]. 管理学报, 2007 (3): 373-378.

[111] 中华人民共和国国务院新闻办公室. 共建"一带一路"倡议: 构建人类命运共同体的重大实践 [N]. 人民日报, 2023-10-11 (10).

[112] 周茂春, 连洁. 基于 AHP 和 FCE 的煤炭企业绿色物流绩效评价 [J]. 资源开发与市场, 2015, 31 (10): 1179-1184.

[113] Abdel-Basset M, Mohamed R, Sallam K, et al. A novel decision-making model for sustainable supply chain finance under uncertainty environment [J]. Journal of Cleaner Production, 2020, 269: 1-11.

［114］ Ahmadi A，Pishvaee M S，Jokar M R A. A survey on multi-floor facility layout problems ［J］. Computers & Industrial Engineering，2017，107：158-170.

［115］ Al-Zubaidi S Q D，Fantoni G，Failli F. Analysis of drivers for solving facility layout problems：A Literature review ［J］. Journal of Industrial Information Integration，2021，21：1-30.

［116］ Arnaout J P，ElKhoury C，Karayaz G. Solving the multiple level warehouse layout problem using ant colony optimization ［J］. Operational Research，2020，20：473-490.

［117］ Benitez G B，Fogliatto F S，Cardoso R B，et al. Systematic layout planning of a radiology reporting area to optimize radiologists' performance ［J］. Journal of digital imaging，2018，31：193-200.

［118］ Besbes M，Zolghadri M，Costa Affonso R，et al. A methodology for solving facility layout problem considering barriers：genetic algorithm coupled with A * search ［J］. Journal of Intelligent Manufacturing，2020，31（3）：615-640.

［119］ Boysen N，De Koster R，Weidinger F. Warehousing in the e-commerce era：A survey ［J］. European Journal of Operational Research，2019，277（2）：396-411.

［120］ Boysen N，Stephan K，Weidinger F. Manual order consolidation with put walls：the batched order bin sequencing problem ［J］. EURO Journal on Transportation and Logistics，2019，8：169-193.

［121］ Che A，Zhang Y，Feng J. Bi-objective optimization for multi-floor facility layout problem with fixed inner configuration and room adjacency constraints ［J］. Computers & Industrial Engineering，2017，105：265-276.

［122］ Chowdhury MM H，Quaddus M. Supply chain resilience：Conceptualization and scale development using dynamic capability theory ［J］. International Journal of Production Economics, 2017, 188: 185-204.

[123] Christopher, M. Logistics & supply chain management [M]. Pearson UK, 2016.

[124] Coulibaly, B., H. Sapriza, and A. Zlate. Financial frictions, trade credit, and the 2008-2009 global financial crisis [J]. International Review of Economics & Finance, 2013, 26: 25-38.

[125] Du M, Chen Q, Xiao J, et al. Supply chain finance innovation using blockchain [J]. IEEE Transactions on Engineering Management, 2020, 67 (4): 1045-1058.

[126] Dubovi, Ilana, Sharona T Levy, and Efrat Dagan. Now I Know How! The Learning Process of Medication Administration among Nursing Students with Non-Immersive Desktop Virtual Reality Simulation [J]. Computers & Education, 2017, 113: 16-27.

[127] Ejeh J O, Liu S, Chalchooghi M M, et al. Optimization-based approach for process plant layout [J]. Industrial & Engineering Chemistry Research, 2018, 57 (31): 10482-10490.

[128] El Abdellaoui, M, Pache, G. Effects of disruptive events within the supply chain on perceived logistics performance [J]. Economics Bulletin, 2019, 39 (1): 41-54

[129] Erik A, Kuvvetli Y. Integration of material handling devices assignment and facility layout problems [J]. Journal of Manufacturing Systems, 2021, 58: 59-74.

[130] Fenling F, Li J, Liuwen Y. Layout method for the functional area of railway logistics center based on the improved systematic layout planning [J]. China Railway Science, 2012, 33 (2): 121-128.

[131] Guo YY, Wang Q, Liang F. Facility layout design based on particle swarm optimization [J]. Computer Integrated Manufacturing System, 2012, 18 (11): 2476-2484.

［132］ Ha J K, Lee E S. Development of an optimalmultifloor layout model for the generic liquefied natural gas liquefaction process ［J］. Korean Journal of Chemical Engineering, 2016, 33: 755-763.

［133］ Heradio, R., de la Torre, L., Galan, D., Cabrerizo, F. J., Herrera-Viedma, E., Dormido, S. Virtual and remote labs in education: A bibliometric analysis ［J］. Computers & Education, 2016, 98: 14-38.

［134］ Hillier, Lieberman. Introduction to Operations Research ［M］. 7th ed. New York: McGraw-Hill, 2001: 679-683.

［135］ Horta M, Coelho F, Relvas S. Layout design modelling for a real world just-in-time warehouse ［J］. Computers & industrial engineering, 2016, 101: 1-9.

［136］ Hou S, Wen H, Feng S, et al. Application of layered coding genetic algorithm in optimization of unequal area production facilities layout ［J］. Computational Intelligence and Neuroscience, 2019, 2019 (1): 1-17.

［137］ Jiang W, Liu S, Wang W. A hybrid performance evaluation approach for urban logistics using extended cross-efficiency with prospect theory and OWA operator ［J］. Economic Research-Ekonomska Istraživanja, 2023, 36 (2): 1-20.

［138］ Katehakis, M. N., Melamed B, Shi J. Cash-Flow Based Dynamic Inventory Management ［J］. Production and Operations Management, 2016, 25 (9): 1558-1575.

［139］ Khadim, Z., et al. Mapping the Moderating Role of Logistics Performance of Logistics Infrastructure on Economic Growth in Developing Countries ［J］. Economies, 2021. 9 (4): 177-189.

［140］ Kinra, Hald. An unstructured big data approach for country logistics performance assessment in global supply chains ［J］. International Journal of operation & Production Management, 2020, 40 (4): 439-458.

［141］ Kumari, Bharti. Trade and logistics performance: does country size matter? [J]. Maritime Economics & Logistics, 2021, 23: 401-423.

[142] Li J, Guo H, Zhang S, et al. Optimum design of ship cabin equipment layout based on SLP method and genetic algorithm [J]. Mathematical Problems in Engineering, 2019 (1): 1-14.

[143] Liang R, Liu ZY. Port Infrastructure Connectivity, Logistics Performance and Seaborne Trade on Economic Growth: An Empirical Analysis on "21st-Century Maritime Silk Road" [J]. Journal of Coastal Research, 2020, 106 (1): 319-324.

[144] Mahmud I, Sultana S, Rahman A, et al. E-waste recycling intention paradigm of small and medium electronics store managers in Bangladesh: An S-O-R perspective [J]. Waste Management & Research, 2020, 38 (12): 1-12.

[145] Marak Z R, Pillai D. Supply Chain Finance Factors: An Interpretive Structural Modeling Approach [J]. Central European Management Journal, 2021, 29 (1): 88-111.

[146] Marti, L., J. C. Martin, R. Puertas. A Dea-logistics performance index [J]. Journal of Applied Economics, 2017, 20 (1): 169-192.

[147] Martin, J. and E. Hofmann. Involving financial service providers in supply chain finance practices: Company needs and service requirements [J]. Journal of Applied Accounting Research, 2017, 18 (1): 42-62.

[148] Moretto A, Grassi L, Caniato F, et al. Supply chain finance: From traditional to supply chain credit rating [J]. Journal of Purchasing and Supply Management, 2019, 25 (2): 197-217.

[149] Nabavi S R, Taghipour A H, Mohammadpour Gorji A. Optimization of facility layout of tank farms using genetic algorithm and fireball scenario [J]. Chemical Product and Process Modeling, 2016, 11 (2): 149-157.

[150] Nazarko, J., K. Czerewacz-Filipowicz, K. A. Kuzmicz. Comparative a-

nalysis of the Eastern European countries as participants of the new silk road [J]. Journal of Business Economics and Management, 2017, 18 (6): 1212-1227.

[151] Nigro G L, Favara G, Abbate L. Supply chain finance: The role of credit rating and retailer effort on optimal contracts [J]. International Journal of Production Economics, 2021, 240: 1-23.

[152] Padilha, José Miguel, Paulo Puga Machado, Ana Leonor Ribeiro, José Luís Ramos. Clinical Virtual Simulation in Nursing Education [J]. Clinical Simulation in Nursing, 2018, 15: 13-18.

[153] Parasuraman A, Berry LL, Zeitham lVA. SERVQUAL: a multiple-item scale for measuring consumer perceptions of service quality [J]. Journal of Retailing, 1988, 64 (3): 12-40.

[154] Parong J, Mayer R E. Learning science in immersive virtual reality [J]. Journal of Educational Psychology, 2018, 110 (6): 1-48.

[155] Potkonjak, V., Gardner, M., Callaghan, V., Mattila, P., Guetl, C., Petrović, V. M., Jovanović, K. Virtual laboratories for education in science, technology, and engineering: A review [J]. Computers & Education, 2016, 95, 309-327.

[156] Redel-Macías M D, Pinzi S, Martínez-Jiménez M P, et al. Virtual laboratory on biomass for energy generation [J]. Journal of Cleaner Production, 2016, 112: 3842-3851.

[157] Román-Ibáñez V, Pujol-López F A, Mora-Mora H, et al. A low-cost immersive virtual reality system for teaching robotic manipulators programming [J]. Sustainability, 2018, 10 (4): 1-13.

[158] Ronchini A, Moretto A, Caniato F. A decision framework for inventory- and equipment-based supply chain finance solutions [J]. Journal of Purchasing and Supply Management, 2021, 27 (4): 1-23.

[159] Roy, Mitra, Chattopadhyay, Sahay. Facilitating the extraction of extended

insights on logistics performance from the logistics performance index data-set: A two-stage methodological framework and its application [J]. Research in Transportation Businessand Management, 2018, 28: 23-32.

[160] Sadrzadeh A. A genetic algorithm with the heuristic procedure to solve the multi-line layout problem [J]. Computers & Industrial Engineering, 2012, 62 (4): 1055-1064.

[161] Shi, J., et al., Credit Risk Evaluation of Online Supply Chain Finance Based on Third-party B2B E-commerce Platform: an Exploratory Research Based on China's Practice [J]. International Journal of u-and e-Service, Science and Technology, 2015, 8 (5): 93-104.

[162] Sireliy, Kauffmann P, Ozan E. Integration of Kano's model into QFD for multiple product design [J]. Transportations on Engineering Management, 2007, 54 (2): 380-390.

[163] Solimanpur M, Jafari A. Optimal solution for the two-dimensional facility layout problem using a branch-and-bound algorithm [J]. Computers & Industrial Engineering, 2008, 55 (3): 606-619.

[164] Stepan, K., Zeiger, J., Hanchuk, S., Del Signore, A., Shrivastava, R., Govindaraj, S., Iloreta, A. Immersive virtual reality as a teaching tool for neuroanatomy [J]. Paper presented at the International forum of allergy & rhinology, 2017, 7 (10): 1006-1013.

[165] Takele TB. The relevance of coordinated regional trade logistics for the implementation of regional free trade area of Africa [J]. Journal of Transport and Supply Chain Management, 2019, 13: 1-11.

[166] Ulutas A Karakoy C. An analysis of the logistics performance index of EU countries with an integrated MCDM model [J]. Economics and Business Review, 2019, 5 (4): 49-69.

[167] Uribe N R, Herrán A, Colmenar J M, et al. An improved GRASP method for the multiple row equal facility layout problem [J]. Expert Systems

with Applications, 2021, 182: 1-20.

[168] Wang M, Jie F, Abareshi A. Logistics Capability, Supply Chain Uncertainty and Risk, and Logistics Performance: An Empirical Analysis of Australian Courier Industry [J]. Operations and Supply Chain Management-An International Journal, 2018, 11 (1): 45-54.

[169] Wang ML, Qiu Q, Choi CH. How will the Belt and Road initiative advance China's exports? [J]. Asia Pacific Business Review, 2019, 25 (1): 81-89.

[170] Wen Z, Liao H, Kazimieras Zavadskas E, et al. Selection third-party logistics service providers in supply chain finance by a hesitant fuzzy linguistic combined compromise solution method [J]. Economic Research-Ekonomska Istraživanja, 2019, 32 (1): 4033-4058.

[171] Xiang, Shiming and Lei Chuang Wang. VGLS: A Virtual Geophysical Laboratory System Based on C# and Viustools and Its Application for Geophysical Education [J]. Computer Applications in Engineering Education, 2017, 25 (3): 335-44.

[172] Yang P, Zhao Z, Guo H. Order batch picking optimization under different storage scenarios for e-commerce warehouses [J]. Transportation Research Part E: Logistics and Transportation Review, 2020, 136: 1-18.

[173] Ying F, Tookey J, Seadon J. Measuring the invisible: A key performance indicator for managing construction logistics performance [J]. Benchmarking-An International Journal, 2018, 25 (6): 1921-1934.

[174] Zhang T, Zhang C Y, Pei Q. Misconception of providing supply chain finance: Its stabilising role [J]. International Journal of Production Economics, 2019, 213: 175-184.

[175] Zhao, Y., D. Li, L. Q. Pan. Cooperation or Competition: An Evolutionary Game Study between Commercial Banks and Big Data-

Based E – Commerce Financial Institutions in China ［J］. Discrete Dynamics in Nature and Society, 2015: 1–8.

［176］ Zheng, W., X. Xu, H. Wang. Regional logistics efficiency and performance in China along the Belt and Road Initiative: The analysis of integrated DEA and hierarchical regression with carbon constraint ［J］. Journal of Cleaner Production, 2020, 276: 1–15.

［177］ Zhou, Q., X. F. Chen, S. T. Li. Innovative Financial Approach for Agricultural Sustainability: A Case Study of Alibaba ［J］. Sustainability, 2018, 10 （3）: 1–20.

［178］ Zuniga, E. R., Garcia, E. F., Moris, M. U., et al. Holistic simulation – based optimisation methodology for facility layout design with consideration to production and logistics constraints ［J］. Proceedings of the Institution of Mechanical Engineers, Part B: Journal of Engineering Manufacture, 2021, 235 （14）: 2350–2361.

后 记

本书是福建省社科基金研究基地重大项目共建"'一带一路'倡议对我国物流产业绩效的影响研究——基于国际贸易视角"（项目批准号：FJ2020JDZ020）的最终研究成果，获得福州大学物流研究中心资助，同时获得福州外语外贸学院学术著作出版基金资助。

本书能够顺利出版，经历了确定主题、编写框架、文献查阅、收集数据、数据分析，案例积累，书写创作、内容修改的漫长过程，感谢帮助这本书出版的所有人。项目组成员对本书的出版提供了巨大帮助，主要有胡秀连、江琪、刘丹、柯晟劼。感谢中国商务出版社对本书出版的支持和帮助。